붉은 기호들

붉은 기호들

2024. 계림시회 사화집

새벽을 지키는 계림처럼

　벌써 아홉 번째다. 교정의 버드나무는 세월의 무게에 땅을 짚고 서 있는데 자리만 펴 놓고 가버린 친구, 그 빈자리에 고인 허망한 시간을 위해 또 한 권의 책을 보탠다. 낙엽이 쌓이고 눈이 내리듯 덧없는 시간은 켜켜이 쌓여 가는데 이 책마저 없다면 우리가 함께 시인으로 살았다는 걸 무엇으로 증명할까.

　좋은 친구들과 함께 글을 쓰고 엮어 각박한 세상에 온기를 더하는 일이 기쁘고 행복할 뿐이다. 백 살이 훌쩍 넘은 노 철학자께서 당신 인생의 황금기는 65세에서 75세까지라 하셨다. 감히 동의한다. 아직은 제 발로 걸어 일터로 가고 두 손 가득 장을 봐 올 수 있으니 말이다. 작은 재주라도 모아 외롭고 힘든 이웃과 나누며 살아야 하는 이유다.

　지금까지 계림은 특집으로 〈지역〉을 써 왔다. 바다, 섬, 산, 산사… 그 정겨움이 모두를 편안하게 보듬어 왔는데 이번에는 눈을 세계로 넓혀 〈특집·1〉에서 기후 위기를 다룬다. 선각자로서 그 일의 심각성을 알리기는 늦었다. 이미 지구촌 곳곳에 이전에는 겪어보지 못한 무서운 일들이 일어나고 그 피해는 갈수록 커지고 있다. 하지만, 과학이 막지 못하는 공포를 시詩가 보듬어 줄 수 있으면 좋겠다.

〈특집·2〉는 우리 지역의 문단 후배들 작품을 감상평과 함께 소개하여 서로 격려함으로써 이 길 위에 선 사람들이 외롭지 않도록 함께하는 자리를 펼쳐 내보인다.

〈계림회원 작품〉에는 마르지 않는 샘에서 금방 건져 올린 시어들이 녹슬지 않은 펜 끝에서 윤슬처럼 반짝이고 있다. 이번 사화집을 통해 계림시회는 사회적, 교육적 외연을 확장하는 한편 시인의 책무를 충실히 지켜나가는 정중동靜中動의 무게감을 보여주고 있다.

계림시회에는 아직 현직에서 뛰는 친구들이 많다. 가끔 노인 흉내를 내기도 하지만, 실은 문단의 원로(?)로 지역 예술계의 중심을 잡고 있는 셈이다. 작품 활동과 문화예술 행사에서 최전방의 수고로움을 마다하지 않는 친구들에게 박수를 보낸다. 건강한 몸과 마음, 넘치는 예술혼으로 이 나라의 새벽을 지켜 온 계림의 나무와 새처럼 세상을 깨우는 신선하고 아름다운 노래를 만들어 가기를 기원하면서, 교정의 나무들이 아무에게도 기대지 않고 오래도록 홀로 서 있기를 응원한다.

2024 계림시회
김경식(대표 집필)

차례

004 새벽을 지키는 계림처럼

특집·1 기후 위기 시대에
– 또 다른 내가 내게 말하는 환경 생태론

012 **김경식** A23a
014 **김일태** 뱃멀미가 났다
016 **박우담** 또 다른 내가 내게 말하는 환경 생태론
017 **우원곤** 스콜 여기 오다
019 **이달균** 통영 세병관에서 적조를 아룀
020 **이상옥** 정남식론
022 **이월춘** 그래서 어쩌라고
024 **정이경** 검은 색의 검은
026 **최영욱** 1.5℃

특집·2 계림시회가 읽은 후배의 이 작품

028 **김경식** 이기영「북새」
034 **김일태** 김시탁「곰탕」
038 **박우담** 송미선「눈 내리는 게르」
042 **우원곤** 김용권「얼추」
046 **이달균** 이서린「물금」
050 **이상옥** 천지경「봄」
054 **이월춘** 표성배「하늘」
059 **정이경** 양지미「묶음」
062 **최영욱** 박은형「시애틀도 아닌데 잠 못 드는 밤」

회원 작품

069 **김경식**　겸손의 길
　　　　　　선생, 할만하다
　　　　　　불심佛心
　　　　　　영면
　　　　　　진해콩
　　　　　　빨래
　　　　　　질투
　　　　　　묵은 때

079 **김일태**　저승꽃
　　　　　　아내의 해방
　　　　　　불립문자
　　　　　　추신秋信
　　　　　　민주광장 비둘기
　　　　　　길을 텄다
　　　　　　삼매 든 보살
　　　　　　입동 무렵

089 **박우담**　네안데르탈·19
　　　　　　은하수 별사탕
　　　　　　초신성
　　　　　　가면극
　　　　　　사슴벌레
　　　　　　석류
　　　　　　네안데르탈·21
　　　　　　지리산 산죽

103 **우원곤**　연분홍 꽃잎
　　　　　　저수지
　　　　　　라넌큘러스의 미소
　　　　　　인터내셔널 미용실
　　　　　　나무
　　　　　　다호리
　　　　　　思(사)
　　　　　　천장

113 **이달균**　결핍의 바다
　　　　　　트집잡기
　　　　　　긍정적으로
　　　　　　하지夏至 무렵
　　　　　　무인도행 기차
　　　　　　천재
　　　　　　위성 인간
　　　　　　노량

123 **이상옥**　아카데미 어원에 관한 연구
　　　　　　플라톤의 이데아론
　　　　　　붉은 기호들
　　　　　　탄자니아 세렝게티
　　　　　　다낭
　　　　　　양조위·장만옥의 '화양연화'
　　　　　　바르비종
　　　　　　다낭의 아프로디테

133 **이월춘**　스트릿 우먼 파이터
　　　　　사람은 누구나 울보다
　　　　　비 내리는 산사의 순간
　　　　　사이비似而非
　　　　　소쩍새 우는 사연
　　　　　아직도 서울은 나를 밀어낸다
　　　　　연꽃 보살
　　　　　연두는 봄꽃 냄새였네

143 **정이경**　벚나무 어법
　　　　　벚꽃 통신
　　　　　재해석 될 결말
　　　　　그녀의 머리 위에 잠깐 머문 뭉게구름
　　　　　여행
　　　　　소통
　　　　　조캉 사원에서의 두 처자
　　　　　경로이탈

157 **최영욱**　풀밭 법당
　　　　　풀밭 법당
　　　　　대동세상大同世上·1
　　　　　대동세상·2
　　　　　대구
　　　　　복사초
　　　　　왕돌초
　　　　　극 대 극

특집·1
기후 위기 시대에
– 또 다른 내가 내게 말하는 환경 생태론

김경식
김일태
박우담
우원곤
이달균
이상옥
이월춘
정이경
최영욱

A23a*

김경식

지구에서 가장 큰 빙산이
30년이나 살던 웨들해*를 떠나
바람 따라 물결 따라
남대서양으로 길을 나섰다

모든 생명은 죽을 때가 가까우면
낙엽처럼 가벼워지는데
인간의 욕망이 뜨거운 바다에서
몸이 점점 야위어가더니 마침내
부초처럼 떠도는 신세가 되었다

마지막 길 떠나는 얼음 섬은
남극 바다의 거름이 되어
남은 생명을 풍요롭게 하겠지만
거대한 크기만큼 땅이 가라앉아
바닷가에 살던 생명들은 멸종되거나
고향을 버리고 더 높고 깊숙한 곳으로
기후난민의 길을 떠나야 한다
'아름다운 바다'라는 말은 사라지고
남극 바다는 날마다 무너져 내리는
빙산의 처절한 절규로 하루하루
기후와의 전쟁터로 변해 가는데

사람들은 남의 일인 양
서로 미루며 손가락질만 하고 있다.

*세계 최대의 빙산으로 서울 면적의 6.4배, 두께 400m, 무게는 1조 ton에 달한다.
*Weddell Sea, 남극 북부의 바다.

뱃멀미가 났다

김일태

시간이라는 우리들의 짧은 셈법이 아닌
신의 셈법으로 계산해 보면
사막은 바다의 파도처럼 출렁일 것이다

기나긴 시간에 걸쳐 이곳을 지나간 사람이나
낙타나 천일야화마저
나노의 측정기로 재야 할 파동 정도일 것이다

이 세상 그 아무것도 공평한 것은 없다고
고대 선각자들의 불립문자처럼
바람결 따라 이랑과 고랑으로 출렁이는
모래 산들

앞으로 파고는 더 높아질 터인데
너희들 방주는 어찌 태평스레
순항을 자신하는가

둔황의 사막 사구 명사산 모래 알갱이들이
어지럽게 구르며 말했다

황사 바람이 없는데도
앞이 뿌옇게 흐려지면서

뱃멀미가 났다

또 다른 내가 내게 말하는 환경 생태론

박우담

 그저 연 구분 행갈이만 해 놓는다고 다 시가 아니지. 길가는 사람 누구나 다 쓸 수 있는 건 시가 아니지. 길거리는 다 시인의 발자국이라 하는데 그저 그런 시詩만 식상하게 묶어 놓는다고 다 시집詩集 되는 건 아니지.

 이 순간에도 나무는 베어지고 있겠지.

스콜 여기 오다

우원곤

무덥더니 갑자기 장대비가 쏟아진다.
십 년 전 싱가포르 방문 때 비나무를
얘기하던 통영 출신 가이드 난이
떠올랐다

이국의 삶이 고달프던 눈물이었을까?
잠깐 상큼하게 파노라마처럼 지나간다.
비나무 없는 그 눈물,

스콜이 지금 여기까지 왔다
언제 비가 왔나 싶게 푸른 하늘에 햇빛 쨍쨍이다.
이제 일상인가?

통영 세병관에서 적조를 아룀
- 난중일기·1

이달균

　대감, 그곳 소슬한 청죽바람은 여전하온지요? 전하께옵서 기우제 드린 소식은 접했으나 이 남도 균열의 대지엔 미금만 풀썩입니다

　삼복염천을 나면서 이렇게 지필묵 놓고 글 올리는 이즈음이 매양 우울해서인지 한여름 고뿔이 찾아와 요 며칠 고생 중입니다

　문득 임진년 대승첩이 떠오릅니다 아무리 왜적이라지만 떠오른 주검 앞에서 승전의 축하 일배주는 허할 수 없었나이다

　오늘 한산 바다는 동백이 지고도 한참, 다홍빛 저 붉음을 어찌 꽃답다 하겠습니까 떠오른 고기들의 울음이 놀빛인 양 서럽습니다

　두창痘瘡 뒤에 따라온 검붉은 호열자처럼 창궐한 떼죽음을 어찌 필설로 다하오리까 이럴 땐 목민의 자리가 죄스러울 뿐입니다

　세월을 당겨서 은하도 가까워진 오늘, 저 붉은 놋살을 대적할 무기가 벽방산 무릎을 파낸 한 줌 황토뿐이라니

한차례 태풍이라도 다녀가시면 모를까 의서에도 이 병의 처방이 묘연타 하니 이만큼 차오른 울화만 다독일 뿐입니다

정남식론

이상옥

문덕수문학관 초청 특강 건으로
만난
서울예술대학 문예창작과를 졸업하고
문학과 사회로 등단한
처음부터 시인이고자 한
그
포즈만 봐도
환히 드러나는
시인다운
시인,
오규원의 『현대시작법』을
몇 독한 기억이 떠올라
물어본다
"대학 다닐 때 오규원 교수를 만났겠네요"
"입학하니 그때 막 부임하셨어요"
"특강 주제는 뭐로 하시겠어요"
"기후 변화 시대의 시로 하겠습니다"
많은 시인을 만났지만
"그는 시인이었다"
고
단정 화법으로 말할 만한 국면은
잘 기억나지 않지만

처음 만난
그는 시인이었다
계림시회 2024년 주제가
기후 위기였기 때문만은 아닐 터

그래서 어쩌라고

이월춘

머잖아 북극곰이 멸종될 거라고
휴양지 몰디브가 가라앉는다고
담뱃갑마다 수명 단축을 새겼고
소말리아 어린이 돕기 홍보도 한창이다

브루길과 황소개구리는 지금도 번성 중이어서
종이 빨대 커피는 자꾸 텁텁해도
이쪽에선 대홍수 저쪽에선 대폭설
세상은 재난영화 한 편이 아니다

봄이면 황사가 밀어닥치고
원인불명의 박테리아와 바이러스에
정수기도 거르지 못한다는 미세플라스틱
마실 수 없지만 마셔야 한다

하지가 아직 멀었는데 한여름이고
동해안에 자리돔이 산다
강원도에서 사과나무가 자라고
그래, 결국 우리는 죽어가고 있는 것

상처 위에 상처를 만들면서
너에게로 가고 나에게로 가는 길을

스스로 자꾸만 지우고 있다
비둘기도 책으로 보는 날 오면
그래서 어쩌라고?

검은색의 검은

정이경

흰 산*을 감히
밟아보겠다고
그 부근에 간 적 있었지

공교롭게도
나의 오래된 욕망을 알아버렸을까
총력전을 펼친 안개에 갇혀버린
에귀뒤미디 케이블카는
욕심 가득한 인간들의 등을 돌려 세웠다
애써 태연함을 가장한 채 다른 봉우리에 올랐지만
바뀐 풍경이 솔직히 마음에 들지 않았다

빙하수가 흐르던 마을 샤모니의
노천카페에서 올려다본
그 산,

숙소의 창을 열어놓고
보고 또 보았으나
흰 산은 보이지 않고
검고 검은 산만
긴 밤을 건너갔다

서쪽을 향해
계속 서성인 발걸음이 있었으나
검은색의 검은
을, 깡그리 지워야 했다

어떤 전언처럼 경고처럼
빙하가 녹아내렸단다(일부이지만)

다행이다

(그나마 내가 밟지 않아)

좀은 늦추어졌을지도 모를,
이 알량함으로
나는 지금 살고 있긴 하지만

*서유럽의 최고봉이라 불리는, 불리던(?) 몽블랑을 말함.

1.5℃

최영욱

지구의 마지노선이라는 1.5℃

나는 경유차를 타고
에어컨을 켜고 온풍기를 켜고
육고기를 먹고
바다에는 얼마나 많은 해코지를 했던가

스웨이츠 빙하는 경고하고 있다
내가 무너지면
어느 노아가 나타나
방주를 만들 것이냐고

특집·2
계림시회가 읽어낸 후배의 이 작품

이기영 「불새」 | 김경식
김시탁 「곰탕」 | 김일태
송미선 「눈 내리는 게르」 | 박우담
김용권 「얼추」 | 우원곤
이서린 「물금」 | 이달균
천지경 「봄」 | 이상옥
표성배 「하늘」 | 이월춘
양지미 「묵음」 | 정이경
박은형 「시애틀도 아닌 데 잠 못 드는 밤」 | 최영욱

북새*

이기영

노을이 아프게 울면 북새가 된다

딸만 다섯 낳은 여자가 서럽게 울기 좋은 순간이 오고
여자의 딸이 또 딸을 낳아
붉게 사라지기 좋은 변명이 되었다

생솔 가지를 꺾어 모깃불을 놓던
이웃집 여자들은
내 이마를 쓰다듬으며 한마디씩 했다

-징허게 가물랑갑다, 올해 농사도 틀려부렀네

서쪽에서 본 핏빛이 엉키고 엉켜
불안한 슬픔이 내 안에서 쑥 빠져나가는 날에는
어김없이 북새가 울었다

전 생애로 아프게 지는 능소화 꽃물이
내 목덜미 타고 찾아오는 마른 눈물

북새가 아프게 울면 노을은 사라지고
캄캄한 이야기만 자꾸 밀려왔다

* 북새: '노을'의 전라도 방언. 북새가 뜨면 가뭄이 든다는 속설이 있다.

북새는 붉은색으로 운다

김경식

  후배가 없는데 후배 시를 소개하라니 난감하다. 그리 많지 않은 선후배 문우들 중 이기영 시인은 착해서 내가 나이만 앞세워 후배라 우겨도 웃으며 받아 줄 것이라 믿고 자천 시 한 편을 받았다. 몇 번을 읽었을까? 감상평을 쓰기도 전에 가슴에 벌겋게 멍이 들었다. 칠거지악七去之惡, 즉 '아내를 내쫓을 수 있는 일곱 가지 잘못'에 갇힌 어머니들의 아픔이 노을빛으로 되살아나 정제된 글을 쓰기가 어려웠다.

  북새, 제목부터 특이한 이 시는 이기영 시인의 등단 작품이자 첫 시집인『부에나 비스타 소셜 클럽』제3부에 나오는 애송시다. 제목만 보면 야단스럽게 부산을 떠는 분위기가 연상되지만, 이기영 시인을 아는 사람들은 이내 '그럴 리가 없다'는 걸 알아차린다. 예술은 인생을 승화시키는 몸짓이며 아픔을 극복해 가는 과정인데 이 시에 나오는 '아픔'의 정체는 '여자'라는 죄에서 비롯된다. 그 아픔을 하나씩 따라가 보자.

  1연에서는 북새를 "아프게 우는 노을"이라 정의하고 아들을 낳지 못한 여인이 "서럽게 울기 좋은 순간"이며 그 딸이 또 딸을 낳아 "붉게 사라지기 좋은 변명"이 되었다고 썼다. 여자가 여자를 낳은 죄, 인과관계와 무관하게 여자이기 때문에 받아야 하는 형벌에 대한 해석이다. 애초에 여자로 태어난 것조차 자기 죄는 아닌데 평생을 숨 한번 크게 못 쉬고 살아온 여인들의 한을 붉은 노을로 소환한 것이다.

첫 행부터 의인화를 사용한 것은 북새를 여자의 운명으로 치환하기 위한 과격한 은유가 필요하기 때문일 것이다.

 2연에서는 생솔 가지 연기 속에 무릎 위 어린아이의 이마를 쓰다듬는 여름날 시골 저녁 풍경이 등장한다. 우리 시대 여름방학의 추억은 대부분 외갓집이 배경일 것이다. 종일 산으로 냇가로 뛰어다니다 이른 저녁을 먹고 할머니 무릎 위에서 별을 세다 잠들던 유년의 추억은 전 생애를 살아가는 힘이 된다. 여기에다 투박한 전라도 사투리로 북새에게 '가뭄'이란 죄 하나를 더 덮어씌우는 독백에서 그 시대 여인의 행위규범인 체념과 순응을 읽을 수 있다. 토속적인 사투리에 배어 있는 매캐한 냄새와 길게 내쉬는 한숨 소리가 생생하고도 오래 뇌리에 남는다.

 3연에서는 딸의 임신과 출산 과정이 나오는데 '핏빛이 엉키고 엉켜' 아이를 가지게 되고 딸이라는 불안한 슬픔이 내내 가슴을 짓누르다가 마침내 "내 안에서 쑥 **빠져나가는**" 출산의 순간을 맞이한다. 그러나 이때마다 어김없이 북새가 울면서 불길한 징조는 극에 달한다. 방금 태어난 딸도 여자라는 운명을 받아들여야 한다는 것을 깨닫는 순간 흙담 위 "아프게 지는 능소화 꽃물"이 목덜미를 타고 마른 눈물로 찾아온다. 시어머니의 탄식과 돌아서는 남편의 싸늘한 뒷모습을 보며 펑펑 울어도 시원치 않은데 딸을 낳았다는 죄로 소리 내어 울지도 못하는 슬픔의 역설이 여자의 운명이었던 때가 있었다. 이 연에서 시인이 선택한 '능소화'는 덩굴나무로 여름에 주황색 꽃을 연이어 매달고 핀다. 여성을 상징하는 꽃으로 어린 시절 외가가 있는 경주에서 최씨 종택 담장에 흐드러지게 핀 꽃을, 구순을 넘긴 종부가 툇마루에 앉아 하염없이 보고 있던 장면이 떠오른다. 그분도 북새가 울던 날의 불안한 슬픔을 흙담 위 능소화를 보며 되새기고 있었던 것 같다.

마지막 연에서는 출산의 고통보다 더 큰 아픔으로 다가오는 딸의 운명, 대를 이어 평생을 죄 없는 죄인으로 살아야 할 슬픔의 무게에 대한 걱정을 적었다. 노을이 지면 밤이 오듯이 암울한 앞날에 대한 불안도 캄캄한 밤처럼 깊어지고, 대를 잇지 못한 어미에 대한 무자비한 비난과 본의 아니게 그 원인이 되어버린 딸에 대한 핍박이 끝없이 밀려올 것이라는 불안, 이 모든 것이 북새 때문이라 핑계를 대며 시는 끝을 맺는다.

이 시는 여름날 저녁 붉게 지는 노을의 이미지를 여인의 삶과 한으로 치환하여 토속적 어법으로 풀어낸 시다. 이 시가 돋보이는 이유로는 시적 상상력, 안정된 서정, 차분한 시상의 전개 등을 꼽을 수 있다. 시인의 성격이자 장점이 잘 어우러진 대표작으로 평가하기에 전혀 부족함이 없는 작품이다. 이 시의 전체적인 이미지를 이끄는 어휘는 핏빛 노을, 불안한 슬픔, 아프게 지는 능소화, 마른 눈물 정도로 정리할 수 있는데 단어 자체만으로도 충분히 아픔을 느낄 수 있다. 여기에다 의인화, 은유, 독백 등 시적 기법을 절묘하게 버무려 읽는 내내 외나무다리를 건너듯 불안과 긴장이 마음을 조마조마하게 만든다.

북새는 소리가 아닌 색깔로 우는 데 그 색은 불안한 슬픔의 색이다. 그러나 요즘은 북새를 만나기 위해 석양의 찻집을 찾는 사람들로 해안도로가 북새통이다. 아들보다 딸을 더 원하는 젊은이들의 생각을 반세기 전의 여인들은 꿈에도 상상하지 못했을 것이다. 이유 없는 슬픔의 색, 그 불안한 눈빛으로 북새를 바라보던 여인들의 멍든 가슴을 위하여 어쭙잖은 글보다는 쓴 소주라도 한잔 바치고 싶다.

곰탕

김시탁

출근길에 팔순 노모의 전화를 받았다
애비야 곰탕 한 솥 끓여났는디 우짤끼고
올 거 같으모 비닐 봉다리 여노코
안 올거모 마카 도랑에 쏟아 부삐고

이튿날 승용차로 세 시간을 달려
경북 봉화군 춘양면 본가로 곰탕 가지러 갔다
요 젤 큰 기 애비 저 봉다리는 누야 요것은 막내
차 조심혀 잠 오믄 질까 대놓고 눈 좀 부치고

묵처럼 굳은 곰탕을 스티로폼 박스에 담아오는데
세 시간 내내 어머니가 뒷자리에 앉아 계셨다
차가 흔들릴 때마다 씨그륵 씨그륵 곰탕이 울었다
차 앞 유리창이 곰탕 국물 같다

고소하게 잘 우러난 곰탕 같은 작품

김일태

  곰탕의 사전적 의미는 소의 잡고기와 뼈를 진하게 고아서 끓인 탕이다. 찬 바람이 불기 시작하거나 속이 헛헛해질 때면 생각나는 국물 요리이자 식구가 많았던 옛날 제한된 양의 재료로 많은 사람이 나누어 먹을 수 있는 음식의 대명사이다. 그런가 하면 곰탕은 높은 영양가와 구수한 맛으로 인해 옛날 양반가에서도 인기 있는 보양식이었다. 바쁠 때는 그냥 밥을 말아서 훌훌 마셔도 되는 간편식이기도 하지만 그 제조공정은 그렇게 간단하지 않다. 먼저 소고기의 부산물인 뼈와 허드레 고기를 잘 씻어서 하루 정도 물에 담가 핏물을 빼야 하고, 한소끔 끓인 뒤 첫 국물은 모두 버린 뒤 다시 끓이면서도 계속해서 위로 뜨는 부유물이나 기름기를 걷어내는 번거로움을 거치면서 하루 이틀 정도 푹 고아야 제대로 우러난 곰탕이 완성되기 때문에 보통 정성스러운 음식이 아니다. 요즘 도시의 식당이나 가정에서야 대부분 전기나 가스로 끓이지만, 모르긴 해도 김 시인의 어머니가 계시는 곳이 산골이고 보면 분명 가마솥에 장작불로 끓인 것이 분명하여 여간 고된 과정이 아니었으리라 짐작된다. 따라서 그러한 고단한 과정이 이해되기에 김시탁 시인의 '곰탕' 작품은 참으로 정성스럽고 맛나게 잘 우려낸 곰탕 맛이 느껴진다.

  그런데 그 정성을 다해 장만한 곰탕을 두고 노모는 아들에게 대수롭지 않은 듯 '안 올 거면 마카 도랑에 쏟아 부뻬고'라고 천연덕스럽고도 해학적으로 아들에게 말한다. 아무리 무심한 아들이라 할지라도 이 어찌 노모의 속 깊은 사랑을 모르겠는가.

경상도 태생으로 오래 살아보지 않은 사람이라면 참 이해하기 힘든 특유의 반어법적 묘미가 진하게 우러나는 화법이 구수하게 느껴진다.

그냥 시장이나 마트에서 사 먹으면 간단한 음식을 수고롭게 장만하고 자식에게 가져가라고 강요하는 어머니의 자식 사랑 표현은 분명 비현실적이고도 비경제적이다. 그러나 그 곰탕의 돈으로 환산할 수 없는 가치를 아는 아들은 아무 불평 없이 다음날 일찍 '도랑에 부삐리기' 전에 고향으로 향한다.

두 모자의 특수 화법을 김 시인은 익살스럽고도 교묘하게 엮어내면서도 서로 거리두기를 하지 않고 진한 모성과 효심으로 화해시키고 있다. 따라서 김 시인의 기교 또한 푹 잘 우러난 곰탕과 다를 바 없어 보인다.

'곰탕' 작품에서 화해의 정점은 눈물이다. 어머니의 자식 사랑은 가마솥 안에서 끓다 솥시울에 맺혀 흐르는 눈물이고 아들의 효심은 가슴에서 끓다가 눈시울에 맺히는 눈물이다. 그리고 어머니의 곰탕 속에는 더 뒷바라지를 잘 해주지 못한 미안함과 잘 성장해 준 데 대한 고마움이, 아들의 눈물 속에는 가난하고 어려운 환경 속에서도 오로지 자식 사랑으로 헌신해 온 갖가지 기억과 고향에서 외로이 늙어가시지만, 편히 모시지 못하는 현실적 한스러움이 넉넉히 담겨 있다.

창조적 감성적 언어는 어머니로부터, 관념적 철학적 언

어는 아버지로부터 배운다고 했던가. 모전자전의 깊은 성정을 관조시키는 걸작으로 추천한다.

눈 내리는 게르

송미선

햇빛을 쏟아 밤이슬을 막으며
기둥만 끌어안고 있는 게르 한 채

우리는 눈을 번갈아 뜨며 별을 헤아렸고 낮달의 욕심이 길어지기를 기다렸다 바람이 핥아 눅눅해진 스낵을 찬 숨으로 녹여 먹으며 아직 남은 미련이 있는지 빈 봉지 속에 손을 넣었다 빼곤 했다 두 심장 거리에서 바스락대던 종소리는 새벽을 아침으로 조각했다 산책하러 나갈까 묻는 말에 눈이 내리네 답하며 나는 기차표를 만지작거렸다 심장박동이 잦아들고 있었다 계획이란 사람이 하는 일이라서 가끔은 플랫폼이라는 예외가 있었는지도 모르다 편도로 왕복을 고집했던 감정에는 구멍이 숭숭했다 바람이 외투 안으로 들이치는데 손끝이 시렸다

'눈 내리는 게르에서'

박우담

  송미선 시집『이따금 기별』에 맨 먼저 실린 '눈 내리는 게르'를 소개한다. 송미선 시인은 경남 김해 출신으로 2011년 시전문지《시와 사상》으로 등단했다.
  지난여름 몽골의 게르에서 며칠 묵었다. 우리 일행은 별을 보기 위해 왔고, 유목민의 삶을 체험하고자 왔다. 별과 바람과 초원이 구멍 숭숭한 심장으로 들어와 핏줄 따라 구석구석 돌았다. 몽고점이 끌어당기는 걸까, 유목인의 얼굴빛이 낯설지 않았다. 이른 저녁은 별 양념 없이 푹 삶아내도 맛있는 양고기를 먹었다. 셀 수 없는 별도 비 내리면 볼 수 없다. 제발 별이 많이 나오기를 기대했다. 대륙횡단 열차처럼 떼를 지어가는 가축이 보인다.
  "기둥만 끌어안고 있는 게르 한 채"를 보면 기댈 곳 없을 때의 난감한 일들이 주마등처럼 스친다. 지붕은 욕심이라며, 사방 벽만으로도 부끄럽지 않던 시절이 있었다. 몸뚱아리 하나 비빌 곳 없던 낯선 곳에서 생면부지의 사람들과 부닥치며 지나온 일들이 몽골의 별처럼 생각났다. 그 시절엔 그랬다. '밤이슬'만이라도 피할 수 있는 곳이면 행복했다. 젊음이 있었고 읽을 책이 있었고, 희망과 꿈이 있었기에 어려움 속에서 지탱할 수 있었다. 그땐 책 속에 등장하는 인물들이 친구가 되어주었다. 외투 속에 조금 가려진 볼, 커다란 진한 갈색 눈을 가진 소녀와 함께 나는 행간에 빠져들었다. 그러다가 피곤한 몸을 이끌고 꿈속으로 발을 내디뎠다. 상상 속에 있던 '도플갱어'가 있었다. 나는 내가 아닌 '기둥'을 붙들고 있는 나를 바라보며 난생처음 시간여행을 했다. "눈을 번갈아 뜨며 별을 헤아렸고 해가 지지 않았으면 했다. 그러다가 서로의 팔에 안겨 꿈꾸었다. 깃발도 없고 외침도 없는 나약한 나를 바라보기도 했다. 내 손바닥을 상대의 손바닥에 갖다 대면서 완벽한 대칭임을 확인했다."

무력감에 시달리다가 나는 나의 존재를 먼 곳으로 내몰아버렸다. 어두운 밤보다는 햇살이 쏟아지길 바랐고, 가끔 친구를 만나면 분식코너에서 "스낵을 찬 숨으로 녹여 먹으며" 서로의 감정을 확인했다. "두 심장의 거리에서 바스락대던 종소리는 새벽을 아침으로 조각했다."

게르 한 채가 밤이슬을 머금고 빛나고 있다. 바람이 마두금 연주나 몽골 전통음악 흐미처럼 귓전을 때렸다. 도저히 따라 부를 수 없는 발성법이어서 신기하기만 했다. 유목민들은 해 뜰 때 가축과 함께 나가서 해가 져야 들어온다. 그들은 쌍봉낙타를 타고 산 정상에서 자기 가축을 바라보곤 했다.

'기차표'는 새로운 환경이나 모험을 찾아 떠나는 '유목민적 사고'를 엿볼 수 있다. "나는 기차표를 만지작거렸다" 과연 지금 나아가는 길이 올바른 선택일까. 아니면 플랫폼에서 방향을 바꿔야 하는 건지 차분하게 생각해 본다. 심장박동이 잦아들고 있었다. 기차표와 플랫폼은 시적 상상력을 자극하여 공감각적인 묘사에 도움이 되겠다.

꿈과 책이 있었기에 동경하거나, 갈망하는 마음이 아직도 시들지 않고 있다. "편도로 왕복을 고집했던 감정에는 구멍이 숭숭했다" 말의 거친 호흡과 내 숨소리에 깨어났다. 내 꿈은 아직 꿈으로 가라앉아 있다. 몽골의 마을은 고요하다. 왜소한 나처럼 마음이 기우는 밤에 별들이 살아 움직인다. 밤은 '외투'처럼 호흡하고 있다. 어디선가 가녀린 발과 가녀린 목소리의 소녀가 노래 부른다. 사내가 말에게 마구를 얹을 때 늑대 한 마리 게르 주변에 다가온다. 염소와 양처럼 함께 생활하던 내가 또 다른 내게서 점점 멀어지고 있었다.

  일행은 비 내리는 날 울란바토르에서 이태준 선생 기념관을 둘러보았다. 의료계와 정부 간에 갈등이 심화하고 있는 요즘 이태준 선생 같은 넉넉한 외투가 생각난다. 손끝이 매우 시린 밤이다.

얼추

김용권

눈 감으면 있다

대강
대충도 아니게
추의 감정으로 허공이 휜다

얼추라는 말
내 짐작을 무겁지 않게 더하는 말
무겁다면 너도 모르게
덜어 내는 말,

너의 왼쪽에 꽃다발을 놓는다
눈대중으로

흔들리는
꽃의 무게를 잰다

얼추에 대하여

우원곤

1, 얼추는 국어사전에 어지간한 정도로 대충, 어떤 기준에 거의 가깝게라고 표기해 놓고 있으며 경상도 방언으로 '얼쭈'라 한다,

여기서는 저울을 소재로 한 것으로 보아도 무방할 것이다. 상대방과의 거래에 있어 서로 수긍이 갈 정도, 오차를 줄이기 위해 더하고 덜어내고 모든 사람살이가 이 이치가 아니던가? 하물며 사랑 고백이야- 얼추 짐작한다. 시인은 도량형과 불교에 관심이 많다. 얼추란 말이 불교에서 온 것으로도 짐작된다. 절을 짓는 장인 중에 최고의 경지에 도달하지는 못하였으나 그에 버금가는 경지에 오른 장인을 일컫는 것이라 여겨진다. 묘하게도 불교 용어와 저울이 어울려 道(도)에 이르다가도 꽃다발 때문에 숙연해진다, 눈감고도 어떤 일을 해낼 정도로 경지에 올랐어도 최고가 아니란 게 얼추라는 장인의 자격지심과 고뇌에 위로의 꽃다발을 올리는 것인가? 무례하게도 시인에게 물어 봤으나 미소만 지을 뿐-

또 통상적으로 쓰는 얼추는 앞에서 논한 바와 같이 대강, 대충 어림잡아 등이다. 그렇지만 대강, 대충이래도 계속적이고 반복적으로 시행하여 오차를 줄여 나가야 진정한 얼추가 되는 것이라.

흔한 4일장 바닥에도 얼추가 통용된다. 노점 할머니가 집어 주는 채소나 과일에서도 숱한 사연을 가진 얼추는 시

인의 따뜻한 가슴에서 느껴진다.
 짧은 시지만 많은 것을 담고 있다.
 눈 감으면 있다.

 2. 위 시는 최근에 시인이 발간한 네 번째 시집『그림자는 그림자놀이를 한다』에 실려 있다. 이 시집에 대하여 김효숙 평론가는 만만치 않은 사건을 다루면서도 시어가 간결하고 차분하다. 이렇게 이상한 힘이 시집 전체를 관통한다고 했다.
 또 관조나 성찰에 머무르지 않고 그간에 끌어안고 살아온 막중한 문제의 지점들을 표면화하여 그 진상을 돌아본다는 의미가 있다.
 내려놓아야 할 때를 알고 그럴 때 다른 방식의 만남과 삶이 있다는 것을 알게 되며 삶이 가까워져야만 자기다운 자기를, 손에 쥔 것 없이 세상에 왔던 본연의 자기를 회복할 수가 있다.
 시 형식은 미니멀하다. 그렇다고 해서 의미의 선마저 단일한 것은 아니다.
 버리고 내려놓는 일의 어려움을 아는 자라면 김용권 시 형식의 간결함 이면에 침전된 시적 고투를 능히 짐작하고도 남는다.
 삶과 세속의 번잡함에서 벗어나는 수행자의 마음으로 그는 시를 쓴다고 했다.
 또 삶과 죽음의 사건은 흔히 '쥔 것 없는 빈손'으로 비유된다. 벌거벗은 몸으로 이 세계에 던져졌다가 같은 조건으로 죽음을 맞는 시간에 인간에게 남은 것도 그 몸이다.

오직 자신의 몸으로 삶과 죽음의 형식을 알려 주는 일은
인간에게 처음이자 마지막 능력이다. 본래 그러한 인간이 세계의 물성을 탐닉하면서 소유하게 된 것들은 목숨처럼 버릴 수 없는 것이 되어간다.

물성으로 가득한 세계에서 그것을 내려놓는 사람은, 그간 끌어안았던 욕심을 내려놓을 때를 알게 된 이들이다. 그런데 애착 대상을 잃는 일은 이제껏 쏟았던 마음을 거둬들여야 하는 일이어서 스스로 상처를 입는다. 심지어 상처이기만 한 것이 아니라 크기를 잴 수 없는 空洞(공동)이 마음에 생기기도 한다. 시인이 썼듯이 '사라지고. 버리고. 덜어 내고, 쏟아지고, 지우고 등 모습들로 아픔은 나타난다. 그가 아무리 정적인 인물이라 할지라도 이러한 활동 때문에 어느 날 문득 삶의 지평에서 가시적인 존재자로 부상한다. 그는 많이 아픈 사람이다'라고.

3. 시인은 창녕 남지에서 출생하였고 《서정과 현실》로 등단하였다. 시집 『수지도를 읽다』, 『무척』, 『땀의 채굴학』을 발간하였고, 박재삼 지역문학상, 경남문학 우수작품집 상을 수상하기도 했다. 또 서울문화재단 창작기금, 한국장애인문화예술원 창작기금을 수혜하였으며 〈석필〉, 〈시향〉, 〈시산맥〉, 〈영남시〉 동인으로도 활동 중이다.

물금

이서린

  그때, 보잘것없는 청춘은 무작정 기차에 올랐다 빛바랜 무궁화호가 터널과 철교를 지나자 덜컥, 물금에서 내렸으나

  2월은 어정쩡하였다 이마에 피 터지며 올라온 꽃눈, 주눅 든 어깨는 좀체 펴지지 않았다 죽고 싶다는 말은 나 여기 있다고 나는 살고 싶다는 또 다른 말이라는 것을 눈치채기까지 얼마나 숱한 시행착오가 있었던가

  일기장을 불태운 그 날은 고라니가 울지 않았다 밤마다 들리던 기괴한 울음도 멈춘 캄캄한 옥상, 능청스럽게 달을 감춘 구름은 밤인데도 희었으니

  역에 내려 우두커니, 도대체 내가 가야 할 곳이 어딘가를 생각하였다 다음 기차가 들어오고 대합실을 나서는 무리를 따라 나도, 마치 갈 데가 있는 냥 따라나섰다

  걷다가 들어간 국숫집에는 먼지 앉은 기타가 방 한쪽에 세워져 있었다 저 기타는 언제부터 저기 있었을까 누가 치기는 했을까 머리 희끗한 주인에게 차마 묻지 못하고

  물금역 건너 둑에 올라 내려다본 낙동강은 유장하였다

깊고 먼 강물은 소리가 없고 부서진 해가 반짝이는 강가에는 나무와 갈대와 사람들이 어울렸다

지는 해를 업고 사람들은 사라졌고 검어지는 물빛을 보며 나도 일어섰다 캄캄한 창을 달고 달리는 밤 기차에 몸을 넣자 철커덕, 기차는 고요한 우주로 달리는 것 같았다 밖을 보려 했으나 유령 같은 얼굴만 비치는 차창 너머엔* 신이 잠든 듯한 엄청난 적막

그때, 물금이었다

*페르난두 페소아 〈시는 내가 홀로 있는 방식〉에서 따옴

비로소 물금에서

이달균

　이서린의 시 「물금」이다. 후배 작품 1편을 고르다 보니 지난해 동인지 《하로동선》에 평설한 시가 생각났다. 그때 쓴 글을 옮겨보면서 다시금 이 작품을 음미한다. 여행 갈 때 이 시가 실린 시집을 갖고 가고 싶어질 만큼 결이 아름다운 시다. 문득 만난 적막 속에서 어른이 되어버린 자신을 보았을 때, 기쁨과 슬픔 같은 느낌보다는 상실과 두려움에 휩싸인다. 그런 시간을 포착한 시인의 시선은 누구나 느꼈을 법하다. 그래서 공감이 간다. 산문의 시대를 살면서 시도 산문시가 쏟아져 나온다. 유명한 시인의 시도 너무 사족이 많거나 굳이 산문시로 쓸 이유가 없어 보인다면 책장을 덮어버린다. 그런데 이 시는 산문시의 장점을 잘 살리고 있다. 넌출 거리는 리듬이 없어도 잔잔히 시각적 효과를 통해 이야기를 전개해 독자를 편안케 한다.
　어른이 되어서도 다락방을 떠올리면 묘한 설렘이 있다. 어린 날 다른 방에선 느끼지 못했던 자신만의 내밀함이 있기 때문이다. 이는 나중 제 방이 생겨도 다락방의 기분과 맞바꿀 수는 없다. 이서린 시인의 물금역은 그런 다락방의 이미지와 유사하다. 황순원의 소나기가 국민 소설이 되는 이유도 그렇다. 자신만의 은밀한 정서가 숨어 있기 때문이다. 물금역은 창원에서 부산 가는 경전선에 위치하는데, 이 시에서는 지명을 딱히 강조할 필요는 없다. "2월은 어정쩡하였다"로 시작되는데 이즈음이 시인의 생애에선 2

월과 비슷하지 않았을까 생각된다.

"일기장을 불태운 그 날"은 죽고 싶은 마음과 살고 싶은 마음이 교차하는, 완전히 성숙 되지 않은 청춘의 한때였으리라. 마음의 허기를 달래기 위해 찾아간 국숫집에서 눈길을 준 것은 낡은 기타 하나. 기타의 주인을 묻지 않은 것 또한 나만의 내밀한 상상의 공간을 그대로 두기 위한 것이다. 멀리 혼자 서 있는데, 나를 두고 낙동강이 유장히 흘러가고 "나무와 갈대와 사람"들이 어울려 있다. 어쩌면 그 거리가 더 다행스럽다. 다시 몸을 기차에 실으니 비로소 '물금'이 보였다.

시인에게 '물금'은 자신과 만나게 한 어떤 지점처럼 보인다. 최인호의 성장소설『내 마음의 풍차』에선 조금씩 껍데기를 깰 때마다 몸살을 앓는다. 이 기차에서 내리면 그 아픔의 희열을 느낄 것이다.

봄

천지경

새벽부터 제상을 세 번 차리고 허리를 펴니
창밖이 환하다
발인을 끝낸 장례식장 휴게실
미화부 아줌마들 의자에 앉아 잠시 쉬고 있다

신상품 속옷 광고하는 텔레비전 속
화사한 모델 배경이 온통 봄꽃이다
평소 말 없고 착실한 곱사등이 전씨 아줌마
슬쩍 던지는 한 마디
"늘씬해져서 저 옷 한 번 입어 봤으면!"

불길한 앰뷸런스 경적 그치자
또 한 묶음 통곡소리 부려진다
황급히 일어난 미화부 아줌마들
대걸레 끌고 우르르 몰려간다
왁자한 수다 밀고 간다
노란 작업복 등 어깨 주무르던 햇살
사뿟사뿟 따라간다

천지경 시인의 레디메이드 시

이상옥

 지역 후배들의 시를 한 편 소개하는 글을 쓰기 위해 고향 집 서재에서 시집들을 찾아보니 진주의 천지경 시인의 시집 『울음 바이러스』(불교문예, 2018)가 눈에 띄어 펼쳐보니 맨 첫 작품으로 수록된 「봄」이 눈길을 끈다.
 페이스북에서 자주 천지경 시인의 시를 보며 분명한 자기 목소리가 있어서 즐겨 읽곤 했다. 자연이나 사물 혹은 역사뿐만 아니라 다양한 텍스트들에서 시적 정황을 꺼내 시라고 호명만 해도 그게 바로 시인데 라는 생각을 평소에도 자주 했다. 물론 시는 언어예술로 시인이 시적 대상을 상상력으로 재구조화해 새로운 언어축조물로 만드는 고도의 창작 작업의 산물이다.
 그럼에도 불구하고 경우에 따라서는 시인이 포착해서 시라고 호명하면 시가 될 것 같은 생생한 시적 정황이 없지 않고, 그것은 그 자체로 레디메이드 시가 된다고, 최근 어느 지면에서도 쓴 바가 있다.
 천지경의 「봄」이 그렇다. 그의 시집 약력에 의하면 2006년 근로자문학제에서 수상하고 2009년 《불교문예》로 등단해서 진주 중앙병원 장례식장에서 근무한다. 「봄」은 진주 중앙병원 장례식장 풍경 한 컷의 에피소드를 포착해서 시라고 호명한 것이다. 천지경 시인이 창작했다기보다 시인은 견자로서 그것이 시적 정황임을 포착해서 독자에게 에이전트로서 전달하고 있는 것으로 그친다.

천지경의 시적 화자가 진주 중앙병원 장례식장에서 새벽부터 제상을 세 번 차리고 허리를 펴니 창밖이 환하니 날이 완전히 밝았다. 발인을 끝낸 장례식장 휴게실에서 미화부 아줌마들은 의자에 앉아 잠시 쉬며 텔레비전을 보고 있다. 장례식장이 있는 현실공간은 생사가 왔다 갔다 하는 치열한 생존공간이지만, 텔레비전의 영상 공간에서는 화사한 모델이 신상품 속옷 광고를 하고 그 배경은 온통 봄꽃이라는 것이 너무 대조적 풍경이다. 곱사등이 전씨 아줌마는 모델처럼 늘씬해져서 광고하는 옷을 한 번 입어 봤으면 하는 속마음을 은근히 드러내기도 한다. 그 순간 불길한 앰뷸런스 경적이 그치자 통곡소리가 왁자하고 황급히 미화부 아줌마들은 대걸레를 끌고 우르르 몰려가고 노란 작업복 등 어깨 머무르던 햇살이 사뿟사뿟 따라간다. 이 시에서 천지경 시인이 말하지만, 그것은 시인의 말이 아니라 장례식장 풍경의 말로 나타난다.

　그런 에피소드가 레디메이드 시가 되는 것은 풍경 스스로 시적 코드를 확보하고 있기 때문이다. 현실공간과 이상공간(TV영상)의 괴리가 선명하게 드러나며 제목에서 말하는 봄은 TV 공간 속에만 있지 현실 공간에서는 어깨 주무르던 봄 햇살이라고 해도 그것은 무늬만의 것이고 봄은 아니라는 역설과 아이러니가 두드러진다. 또한 전씨 아줌마의 언표를 통해서도 그것은 강화된다. 또한 이 시의 리얼리티는 핍진하기까지 하다. 이 시는 최근 내가 생각하고 있는 포착시로서 레디메이드 시의 한 전형이다.

　지역 시단에서도 시류에 편승하지 않고 자기 목소리를 분명하게 견지하며 당당하게 시인의 길을 걸어가고 있는 천지경 시인을 응원해 주고 싶다.

하늘

표성배

딱히 길이 보이지 않는 날 하늘은 길이 되어요

아니 스스로 길을 만들어요

길은 외길이지만 외길이라서 더욱 외길이어요

길 밝혀 줄 별빛 같은 이정표 같은 것은 따로 없어요

혹 당신께서 가시는 길에 노란 은행잎 몇 떨어져 있다면 잠시 멈추어도 좋아요

모르잖아요 누군가 먼저 간 흔적처럼요

뜨거운 눈물 한 줄기 같은 그런 거요

쫓기듯 고향을 떠나던 날 곧게 뻗은 고속도로가 수평선처럼 아득했던 그게 시작이었어요

더 이상 길이 없을 때 하늘이 길이 된다는 말 이제야 알겠어요

수평선은 아득하고 갈매기 한 마리 날지 않는 날이에요

오늘은 제가 갈매기가 될래요

노란 은행잎 몇 흘려 놓을게요

길 가다 멈추고는 돌아봐 주실 거죠

고라니의 그것

이월춘

　시적 언어는 가시적인 언어가 재현할 수 있는 세계를 설정하고, 그것을 초과하는 비가시적 세계의 폭을 담는 언어다. 인공지능이 시를 쓰는 날이 올지도 모른다는 논란이 한창이다. 시는 시인의 자의식에서 비롯되는 상상계와 상징계의 바탕이 없으면 가능하지 않다는 생각이다. 아직은 인공지능이 단순히 대상에 대한 감정의 표현이 시라는 인식에서 나아가지 못하는 것 같다. 머잖아 그런 단계를 넘어서는 때가 오겠지만 시인의 시와 인공지능의 시는 근원적 차이가 있을 것이라는 내 믿음은 변하지 않을 것이다.

　표성배는 여러 권의 시집과 산문집을 발간한 경남 문단의 중진이다. 그의 시적 편력을 관심 두고 지켜본 바로는, 분명 시적 대상도 시적 화자도 노동자의 눈으로 보고 있는데도 시 속엔 사람살이의 따스한 시선과 마음이 가득 느껴진다는 점이다. "사랑시는 사랑이라고 쓰지 않아도 사랑시가 되는데, 유독 노동시만이 노동을 이야기하지 않으면 노동시가 아니다(-「외로운 시」부분)"라는 그의 발언은 일상적 삶의 실재인 '사랑'이나 '노동'을 굳이 구별할 필요가 있는지 묻고 있는 것 같다.

　시란 정情을 뿌리로 하고 말을 싹으로 하며, 소리를 꽃으로 하고 의미를 열매로 한다는 白居易를 굳이 따라 하지 않더라도, 말은 간단하고 시가 품고 있는 의미가 극진하면 아름답다고 한다. 표성배의 시는 현장시라 하더라도 시 속에 삶이 들어있고, 그 삶을 바라보는 진지한 시선과 의식이 들어있기 때문에 아름답다.

  표성배의 시는 무엇보다 인간미가 묻어나서 좋다. 솔직하게 자신 스스로의 삶을 반추하며 세상의 이면을 진지하게 바라보는 시선에는 자각과 성찰을 넘어 시적 사유의 깊이를 엿보게 한다. 현실을 통한 경험과 사고를 인간과 연결하여 더없이 맑고 신성한 시적 경지를 끌어내는 것이다. 또 하나는 긍정적인 시선이다. 시어들이 참 맑아서 예쁘다. 무겁고 침침한 현실도, 불만이나 부정적인 마음도, 다독이고 다듬어서 푸르게, 따뜻하게, 봄 햇살 같은 시상을 펼쳐낸다.
  오늘 우리의 삶이 공장 굴뚝에 올라가야만 하거나, 스산한 바람 아래 농성 천막을 쳐야만 하는 팍팍한 막장 같을지라도, "말하지 않아도 통하는 달빛과 달맞이꽃 사이처럼" 세상의 모든 관계를 가로막는 경계를 허물어 "그런 아침과 저녁을 맞을 수 있게 헐렁했으면 좋겠다"는 희망적 인식은 얼마나 따뜻한가.

  다시 이 시로 돌아와서,
  아프다. 삶이 이리도 담담하게 아플 수도 있다니.

  노동 현장의 아픔과 고뇌를 주로 써 온 표성배 시인을 나는 좋아한다. 그의 노동시엔 고함이나 피 냄새가 전혀 없다. 두 주먹 불끈 쥐고 선동의 오르막길을 질주하지도 않는다. (아직도 시는 혁명이자 투쟁이라는 시인도 있지만) 분명 노동시인데 시 속에 삶이 녹아있고, 그 삶을 바라보는 따스하고 진지한 시선과 마음이 포근해서 좋다.

사람살이의 고달픔을 다독이는 길은 하늘에 있다는 인식, 시적 화자의 자연과 하나가 되어 살아가는 태도와 이어진다. 발 딛고 선 지상의 온갖 풍파와 현실을 대하는 고뇌는 하늘의 길을 본다면 한결 다독이기 쉬울 것이다. 지난날의 상처를 딛고 그 아문 자리에서 다시 시작하는 삶의 단단함을 노래하는 시인이 표성배다.

너와 나 사이를 가로막고 대립과 갈등을 부추겨 왔던 응어리들을 풀고, 다시 손잡고 보듬는 세상을 꿈꾸고 있기 때문이다. 악과 부조리함은 지금까지 있어 왔고 앞으로도 있을 것이다. 그래도 스스로 길을 만들며 앞으로 나아가고자 하는 것이 사람이요 삶이다. 결코 무시할 수 없는 현실과 그 내부에 존재하는 무수한 갈등과 부조리를 안고 가야 한다는 인식, 지난날의 상처가 아문 자리에서 다시 하늘을 보는 그의 시적 바탕에는 이런 본질적 인간의 마음이 자리 잡고 있다. 그래서 그의 시는 언제나 따뜻하게 읽힌다.

표성배 시인의 시적 송곳니는 사자의 그것이 아니라 고라니의 그것이다.

묶음

양지미

베고니아 시든 잎을 솎아낸다

잎사귀는 조금씩 누래지는데
우리는 서로에게 말을 걸지 않았다

말을 걸지 않고
말을 걸어오지 않는
또 무엇이 시들어가는지도 모르는 저녁

이름을 부르기조차 어색한
사랑 밖에 있는 것들

사랑 밖에는 그 무엇이 있을까

정이경

  2012년 《시인동네》 신인문학상을 수상하며 문단의 통과의례를 거친 양지미 시인.

  어느 해였는진 정확한 기억은 없으나 아마도 창원문인협회 행사장에서였지 싶다. 그때 우리는 서로 안면을 텄으리라. 등단 이후 11년이 지나서야 첫 작품집 『사라진 입술들』을 내보인다며, 단정한 글씨체로 보내온 시인의 시집에는 야무져 보이던 시인의 얼굴이 함께 담겨 있었다.

  하지만, 우리는 또 언제 만난 적이 있었던가 아무리 곰곰… 생각해도 없다.

  이렇듯 시인은 허명에 이끌리지도 않거니와 허투루 돌아다니지도 않는 시인임이 분명하다. 그렇다면 꼭꼭 숨어서(?) 무엇을 하고 있을까? 몹시 궁금해졌다.

  물론 '어깨를 기울이고 가만히 들여다보거나, 귀 기울여 듣는 것, 금 간 것들, 덕분에, 때문에' 이렇게 만나긴 하지만.

  한 권의 시집을 읽다가 특히 한 편의 시를 발견하게 되는 때가 있다. 이때 전해져오는 잔잔한 울림을 어떻게 표현해야 할까.

  평소에 지나친(?) 안부가 없었던 사이일지라도 문득 궁금해진다. 그리하여 오래도록 그의 시집 속에 머물게 된다. 양지미 시인의 첫 시집에 든 「묵음」이 그랬다.

시인은 특별하지 않은 일상과 일상이 이어지는 나날들 사이에 '묵음'은 사실적으로 존재하고 있지만, 이미 서로에게 간섭이 필요 없는 관계들이 엄연히 성립되고 있는 것을 말하고 있다. 설사 시든 잎, 누래지는 일상들, 게다가 무엇이 시들어가는지조차도 모르는 저녁이 이어지고 있어도.

어쩌면, 왜 말이 없냐고 아무 말이나 해 보라며 닦달을 하는 일이 도리어 더 어색해질지도 모른다는 것을 암묵적으로 알려주고 있다.

그러나 사랑 밖에 있는 것들을 발견하는 시인은 말을 걸지 않고 말을 걸어오지 않는, 또 무엇이 시들어가지도 모르는 저녁을 일러 이름을 부르기조차 어색한 것들이라지만, 이 모두의 기저에는 '사랑'이 존재하고 있음을 우리에게 나직한 어조로 펼쳐 내보인다.

시는 감정의 보고와도 같다. 따라서 이 시에서는 언표言表라는 기호로 심상을 그려내고 있는 까닭에 현대인의 고독을 일상적으로 받아들이고 있다. 여기에다 제목으로 삼은 '묵음'이라는 오브제로 인하여 시가 한층 깊어지는 까닭이 되겠다.

마구 쏟아내는 현대인의 삶을 가만히 들여다보면서 오늘 하루를 온전히 '묵음'으로 견뎌보는 것은 어떨까. 그리하여 비로소 사랑 밖에 있는 것들까지도 찾아내어 불러온다면 한 편의 시를 제대로 대접한 것은 아닐까.

시애틀도 아닌데 잠 못 드는 밤

박은형

 청할수록 명료해지는 잠의 뒤를 쫓는다 문틈까지 건너와 따르는 낮은 음역의 풀벌레 입김도 불면과 한 편이다 도심의 8층 창 아래 옛 시절의 파수병같이 선 참나무 한그루 갈참 굴참 졸참 떡갈 신갈 상수리 넓적한 바람소리 곧잘 올려 보내는 녀석의 진짜 이름과 도토리묵같이 슴슴하고도 느슨한 떫은맛에까지 마실 가 보는 캄캄한 뜬 눈의 밤은 한 허리 베어다 니불 아래 묻을 까닭도 없는 기나긴 밤이다 역무원 처자는 겨우 갓, 빛나는 갓, 스물여덟을 살아내는 중이었다는데 퍼렇게 벼린 치뜬 마음을 받아주지 않아 주검이 되었단다 人面의 한 種 세상에 퍼뜨리는 자여 제발, 오리발도 아니고 불발도 아니고 씨발도 아닌, 우발
 偶發이라는 역한 말 내밀지 마라 댕강 부러뜨러 불구덩이에 쑤셔 넣어라 섬뜩한 미행에 너절한 사랑 타령도 입히지 마라 허락받지 못했다면 몇 수레 미사여구를 바쳐도 칼잡이에 지나지 않는다 스물여덟을 사는 딸 아이, 굴참이거나 졸참이거나 제가 열매인 한 그루 참나무로 산다 뒤
 뚱뒤뚱 모래 알집처럼 버석거리는 발바닥을 견딘 지 몇 달째, 주삿바늘이 발꿈치에 박힐 때마다 내 몸속의 모든 숨, 비상벨처럼 뭉쳐서 붉게 정지한다 시애틀도 아닌데 시와 愛와 틀린 것들의 세상 번갈아 잠 못 드는 밤 돌아눕지 못하는 심정까지 풀벌레 흘러들어 울다 말다 하는 밤 한 번도 간 적 없는 시애틀*도 아닌데 구뷔구뷔 잠 못 드는 밤

을 홀로 펴는 쓰라린 격발의 밤

* 영화 〈시애틀의 잠 못 이루는 밤〉에서 차용

'시와 愛와 틀린 것들의 세상'에

최영욱

 우체국을 이용하여 시집을 보내고 받는 우리들, 문인들만의 무료 거래일까. 한 달이면 제법 많은 시집이나 소설 또는 수필집이 배달되어 온다. 반가운 이름을 만날 수도 있고 더러는 낯선 이름도 있다.

 작년 〈울 동인〉들이 보내온 제1집을 받았다. 그 책의 표지에는 대부분 알만한 시인 여덟 분이 있었다. 우리 경남 문단에서 활발한 활동을 하는 시인들이다. 김승강, 정남식, 임성구, 이주언, 박은형, 김명희, 서연우, 최석균 시인이었다.

 그들은 이 책의 머리글인 〈시작하며〉에서 "우리'는 오래 서로를 지켜보다 '함께 무엇이라도 해야 하지 않겠나'라는 데 생각을 같이했던 것 같습니다. 그것은 아주 자연스러운 일이었고 오랜 만큼 '우리' 자신들에게 다행스러운 일이었습니다."라고 말하고 있었다.

 여기에서 "우리"와 "함께"와 "오래"에 주목하게 되었다. 우리라는 여덟, 오래라는 여덟, 마침내 함께라는 여덟이 되었다는 〈창작동인 울〉. 경남 문단의 허리를 떠받치고 있는 그들의 출현이 몹시 반갑고 고마웠다. 울울창창한 발전을 기대해 본다.

 위 인용시는 박은형 시인의 〈창작동인 울〉의 첫 번째 동인지의 표제시 『시애틀도 아닌데 잠 못 드는 밤』 전문이다.

지금 시인은 "시와 愛와 틀린 것들의 세상"에 잠 못 드는 밤이다. 시와 사랑과 틀린 것들의 세상이 시인을 불면으로 내모는 밤. "겨우 갓, 빛나는 갓, 스물여덟을 살아내"던 역무원 처자의 억울한 죽음과 "굴참이거나 졸참이거나 제가 열매인 한 그루 참나무로 산다"는 시인의 "스물여덟을 사는 딸아이"가 배치되면서 세상은 "씨발"이었다가 "걱정"이었다가 마침내 분노하는 것이다. "人面의 한 種 세상에 퍼뜨리는 자"에게 죽임을 당한 스물여덟 역무원 처자가 꿈꾸었을 사랑과 "제가 열매인 한 그루 참나무로" 살아가는 스물여덟의 딸아이의 사랑은 다를 수 있겠지만 서로가 진행형이었어야 한다고 시인은 억울해하면서 황진이를 호출한다. 조금은 뜬금없는 이 호출이 산문시 형태의 이 작품에 맛깔스러움을 더하고 있다.

"동짓달 기나긴 밤을 한 허리 버혀내어
춘풍 니불 아래 서리서리 너헛다가
어론 님 오신 날 밤이여든 구뷔구뷔 펴리라".

시인의 잠을 쫓아낸 것은 시 때문에 애가 터지고, 냉혹한 세상사에 복장 터지고, "구뷔구뷔 잠 못 드는 밤을 홀로 펴" 쓰라린 밤, 불면의 밤이다. 결국 시인은 가장 시적인 고백에 이른다. "그늘지면서 몸내 짙은 시 한 편 훌쩍, 나의 담을 넘어올지도 모르는 일이"라고(같은 책 – 시인의 말)

회원 작품

김경식 • 069
김일태 • 075
박우담 • 085
우원곤 • 097
이달균 • 107
이상옥 • 117
이월춘 • 127
정이경 • 137
최영욱 • 151

김경식

겸손의 길
선생, 할만하다
불심佛心
영면
진해콩
빨래
질투
묵은 때

- knpio@naver.com

겸손의 길

학생식당 가는 길 작은 숲 하나 있다

매일 다니는 그 길에
'겸손의 길'이란 이름 지어주었다

교실에서 선생은 절대자와 같아서
좀처럼 머리 숙일 일 없지만

좁은 버드나무 사이길 지나가려면
열 번도 더 머리 숙여 절해야 한다

허술한 점심 한 끼를 위하여
수 없이 머리를 숙여야 한다는
겸손의 가치를 일깨워 주는 길

작은 돌 벤치 하나 덩그러니
드문드문 그늘이 있어 좋은 길.

선생, 할만하다

수업 중 갑자기 내리는 비
식당가는 길이 난감하다
앞자리에서 측은한 듯 쳐다보던
키 작은 아이가 내민 파란 우산
사양할 틈도 없이 세 명이
우산 하나에 머리만 모은 채
쪼르르 뛰어나간다
스승을 자리에 모셔놓고
긴 줄 끝에 선 반장
스승의 밥 기다리며
불어터진 면만 바라보는 아이들
꼴깍 소리에 멋쩍게 웃는다
시끌벅적한 학생식당에서
스승의 말 용케 알아듣고 깔깔대며
우리말 배우는 아이들이 사랑스럽다.

불심 佛心

절이 없는 초원에서 탱화로
글 모르는 중생들은 마니차로
바람 많은 들판에서 경판으로

모든 생명에게 부처님은 평등하여
마소 다니는 돌밭에서 오체투지

옴마니밧메훔 옴마니밧메훔
오늘도 깨달음의 길은 멀지만

온 우주에 충만한 지혜와 자비가
작은 미물에까지 골고루 이르기를.

영면

창원역 앞 어느 횟집이었나

사윗감 처음 만날 때
입고 나간 은갈치색 재킷

중국 오는 길 기어코 따라나선
영국 기사 갑옷처럼 빛나던 옷

세월이 비늘을 하나씩 벗겨
옷깃에 드문드문 죽음꽃 피더니

배꽃에 맑은 햇살 흐드러지던 봄날
화북평원 너른 품에 영원히 잠들었다.

진해콩

마트에서 '진해콩'을 만났다

땅콩에 설탕 옷 입힌 간식
'한국콩'이란 이름 붙어있다

진해가 한국을 대표하는 길은
작은 콩 하나에서 시작된다

외국에 살다 보면 반가운 일이나
밖에 나오면 언행을 조심하라는
고향 출신 콩 한 조각의 가르침.

빨래

중풍 걸린 늙은 세탁기
쿨럭쿨럭 산통 끝에 토해낸
쭈글쭈글 겨울 이부자리

뽀송뽀송 새로 태어날 봄날에
기숙사 마당 빨랫줄은 선착순

점점 부풀어 오르는 햇살에
버들개지 터지는 봄날 오후

봄바람 질투에 뺨 맞은 빨래
기숙사 마당에 패대기친
이불 담요 침대보 베갯잇

아무리 심술을 부려 봐도
지난겨울을 다시 살리긴 늦었다.

질투

겨울 앞잡이 매서운 바람에
창틀에 매달린 빨래
깜짝깜짝 놀라 뒤집어진다

여인의 속옷은 바람에 약하다
서너 번 발작하더니
끝내 땅으로 뛰어 내린다

펄럭이는 분노의 붉은 깃발
흙투성이가 되어 뒤척이면서도
바람의 꼬리를 잡고 늘어지는데

주섬주섬 빨래를 줍는 한 남자
남자의 뺨을 때리는 한 여자.

묵은 때

석회질 퇴적된 화장실 바닥
고비사막에 새긴 바람의 지문 남았다

초산 붓고 세제 풀어 빡빡 닦아도
세월이 그린 파문은 여전하다

살림의 달인은 서두르지 않는다
일상의 때도 생로병사가 있어
때 되면 저절로 들고 일어나는 법

혼탁한 세상살이 온갖 때 다 찌들어도
돌아갈 때가 되면 스스로 허물 벗는다

그날이 오면
막 탈피한 홀게 같은 모습으로
묵은때 다 벗고 빈손으로 떠난다.

김일태

저승꽃
아내의 해방
불립문자
추신秋信
민주광장 비둘기
길을 텄다
삼매 든 보살
입동 무렵

· kimit7788@hanmail.net

저승꽃

어느 꽃이
저만한 향기를 품고 있으랴

누구 하나 곁눈질 주지 않아도
저 생으로 가져갈 이생의 이력인 양

꼬부랑 인생 길섶에
눅눅하게 핀
자축의 꽃

아내의 해방

아내와 더불어 10년 남짓
여러 오지 여행을 다녀왔다

산행에 익숙한 나는 앞서고
겁이 많은 아내는
늘 내 뒤를 따랐다

험한 길 걷는 데도
익숙해진 아내가
요즘은 자주 나를 앞서간다

힘들지 않냐고 괜찮으냐고 물었더니
그동안 뒤를 따라만 가다 보니
당신 배낭만 보고 여행 다닌 것 같다고
이제는 자기도
확 트인 풍광을 즐기고 싶다고 했다

아내의 나이가 드디어
예순다섯을 넘었다

불립문자

걱정을 비운 자리엔
그리움이 쌓인다

억지로 늘릴 일 줄일 일 없이
불필요한 것 제하고
간직해야 할 것만 남겨

나무는 한해의 기억을
나이테에 적는다

추신 秋信

아내의 잔소리보다
자신을 향한 의문이 자꾸 늘어난다

오래전에, 어떤 것은 엊그제도 품었던
낡은 의문도 있고
어떤 날은 까먹고 또다시
인터넷으로 검색되지 않는 걸로
실랑이하는 날도 있다

이런 건망 증상을 두고
얄궂다는 아내의 놀림을 반박하며
자신을 위해 기도하는 일이라고
단호히 봉합하지만
내일이면 궁금증이 달라질 것 같아
예감은 불길하다

이렇게 곱씹다가
언젠가 의문이 마를 날 오면 어떡할지
불현듯 두려워
거리의 궁상맞은 은행 열매 냄새처럼
우수수 낙심하는 10월이다

민주광장 비둘기

마산역 민주광장에 민들이 모이지 않으니
언젠가부터
주들끼리 모여 주인 노릇 하고 있다

한때 민들이 놀았던 흔적으로 빗돌을 세웠으나
한 줌 모이에 청춘을 걸고 사생결단하는
눈자위 붉은 주들이 똥을 싸 덮고 있다

민은 떠나는데 주는 자꾸 주를 낳으며
스스로 학습하고 진보하고 세를 키워서
민주광장은 이제 기우뚱해졌다

기울어진 광장에서
블루칼라 주 떼들을 즐겁게 바라보며
인스턴트 사랑을 던져주는
부르주아 노숙자들도 있다

길을 텄다

예순 이전까지는 두 귀가 밝아
낙엽 지는 소리에도 솔깃하고
허튼소리에는 귀를 막았는데
경로우대 세대가 되면서
소리 드나는 통로가 좁아졌다

의사는 갈수록 감이 떨어질 수 있다고
각오하라 했다

언젠가 통로가 막히면
안팎의 소리와 조응하지 못해
귀 안에 갇힌 소리가 귀울림이 될 것 같아
억지로라도 길을 터주기 위해
보청기를 샀다

삼매 든 보살

외양간 소 한 마리
단전을 편히 한 채
시선을 지긋이 떨구고
선에 들어 있다

생각도 이렇게 씹고 또 씹다 보면
참맛을 알게 된다는 듯
먹이를 반추하며

가끔 날벌레가 잡념처럼 몰려와 왱왱거려도
꼬리를 수행자의 총채처럼 슬슬 흔들거나
두 귀를 번갈아 팔락이거나
머리를 흔들어
요령처럼 워낭을 울리며
보리인 듯 봄볕을 받아들이고 있다

관절에 쥐가 내리지도 않는지
한나절을 미동도 하지 않고
조는 듯 아닌 듯
성자처럼
반수면 상태로 선에 들어있다

입동 무렵

부끄럽더라도
홀랑 벗어야 한다
구석구석 점검해야 하는
알몸의 시간이다

박우담

네안데르탈·19
은하수 별사탕
초신성
가면극
사슴벌레
석류
네안데르탈·21
지리산 산죽

· gichan79@hanmail.net

네안데르탈·19

자작나무 숲을 걷고 있네
아직 썰매 자국이 남아 있는 눈길
누가 빚었을까
무지갯빛으로 물든 내 마음
기도 소리 울려 퍼지고
질문이 질문을 낳는 길
나 홀로 색색의 천을 쌓고 있네
내 눈썹을 만지듯
함박눈 날리네
어디로 갈 것인가
길이 내게 질문을 하네
앞서간 발자국은
내 속눈썹에 매달려 있네
꿈이 길을 만들고 눈썰매는
새벽을 당기네
누구도 자신의 꿈에
마음대로 들어가지 못하지
개 짖는 소리에
색색의 천이 나부끼네
속눈썹 사이로 풀어지는 꿈
게르에 장작불이 타오르네
길은 늘
내 날개뼈 사이에 있네

가까우면서 멀기만 한 길

은하수 별사탕

시간의 웅덩이에 빠진 축구공을
나는 바라보네
꿈속에서 빨아먹다 흘린
별사탕과 함께
아이들의 얼굴은
별처럼 일그러졌네
풀벌레가 축구공을 갉아먹자
아이들은 그냥
꿈길에 털썩 주저앉네
늦은 밤 창틀 앞에 선 신발처럼
흙탕물이 핥고 간 축구공을
꼭 껴안고 있네
나는 웅덩이를 서성대는
아이들을 바라보며 벽지에 박힌
은하수를 생각하네
반지하 창을 넘나들다
어디로 흘러가는지 어둠 속
헤어졌다 뭉치는 신발들
아이의 덧댄 잠을 깨운
어제 바스락거리던 별은
보이질 않고 한 아이가
갈색 풀벌레 울음과

물에 비친 창을 기웃거리고
있네 밤 가장자리처럼
축축한 발걸음이 반음 낮게 들리는
골방
아이들은 지상으로 솟아오르는
꿈을 발등으로 포개고 있지
웅덩이를 바라보던 아이
밤하늘의 별로 솟구쳐 오르네
축구공과 함께

초신성

먼 시간이 보이네
짐승의 껍질을 벗기고 아이의
알몸에 피를 처바르는
샘 많은
신이 있네
널따란 하늘에
모래알처럼 별이 박혀 있네
나는 나의 길을
너는 너의 길을 찾고 있네
양을 치 보지 못했지만
나는 게걸스럽게 살점을 씹어
토하고 만 기억이 있지
천막 사이로 보이는
별이
졸리는 아이의
눈빛으로 흐릿해지자
양 떼가 짓밟고 다닌 분화구에
자식들은 하나둘
아버지를 죽이네
방울 매단 양보다 더 갑갑하게
샛별보다 더 고독하게
신도 아버지도 모두 죽여야
나의 길을 찾을 수 있지

가면극

　성벽 너머로 불빛이 구름 속을 헤집고 있다. 검은 비가 내린다. 목적 없이 미로를 걷던 철부지처럼 지붕이 비바람에 찢기고 종탑이 날아갔다. 염소와 양과 가재도구를 강물이 삼켜버렸다. 쓸려 내려간 역사는 우두 자국되어 언제나 고통을 남긴다. 평생 겪어보지 못한 연극이었다. 참담하게 휩쓸려 간 마차와 뽑힌 서까래가 세트장으로 남아있다. 마을엔 역병이 돌고 슬픔이 쏟아졌다. 종소리를 기다리다 이탈한 미아처럼 나는 불구의 마음에 주저앉고 말았다. 숨은 표정들이 빗물처럼 갇혀 있었다. 누구도 탓하지 못하고 너는 성벽에 묻히는 몸짓으로 연기를 했다. 빛을 훔쳐 간 검은 빗방울만 떨어진다. 아무 죄도 없이 운명에 따라 길을 잃고 너와 나는 쓰러졌다. 어디선가 종소리 들려온다. 누군가의 눈빛이 우릴 일으켜 세웠다. 사람들은 가면을 벗어 던져 버리고 마을을 떠났다. 나쁜 기억을 남긴 채

사슴벌레

사슴벌레 한 마리
자기 먹이만 한
붉은 화두 하나 던지고
나무속으로 몸을 숨긴다

나는 서걱이는 불립문자를
알아듣지 못하고
멍하게 나무 틈새만 보고 있다

알을 슬고 나무를 갉아 만든
이끼와 낙엽
안개가 숲을 삼켰으므로
나무도 창을 닫았다

사슴벌레도 나도 함께
안갯속으로 사라졌다 얼굴을
빼꼼 내미는 숲
사슴벌레가 안개를 부르는 걸까

창을 빠져나온 내 배가
만삭이다
일렁거리는 꽃잎을

가슴에 담으려 해도
얕은 사색으론 힘든 일이어서
배만 불렀다

임신중독증에 걸린 나는
까칠한 입술로
노을 한 모금 베어 마신다

석류

함성에 석류알 터졌다
남강에 걸쳐놓은 하얀 빨래
파편에 불그스레하다
죽창 들고 뛰쳐나간 사내의 꿈이
강을 스치고 간 수많은 장딴지가
별빛으로 물들었다
계사년 석류알
강 건너 대숲으로
성 밖으로 날아간 산비둘기처럼
꿈길을 헤매고 있다
발뒤꿈치를 들고
별을 좇아간 사내 신화가 되었지
밤하늘의 모래로 박혀 있는 석류알
이젠 함성과 죽창은 사라졌지만
석류는
별이 되어 강물에 떠 있다

네안데르탈·21

누가 별사탕을 노루궁뎅이에
발랐을까 나는 문장 중 쉼표 찍듯
무의식적으로 나무 밑에 섰다
혼미한 눈동자가
무슨 기호를 적고 있다
신음하며 떨어지는 이파리
정신 차리고 숲을 바라본다
노루 한 마리
궁뎅이에 붙어 있던
사탕가루 날리듯
단풍이 먹이 찾아
천천히 내려오고 있다
피붙이를 위해
노루의 머릿속에는 온갖 먹이만
쌓이고 있었다
길바닥에 숨은 새끼의 울림을
콧등으로 느끼며 아래로 걷고 있다
별사탕을 누가 뿌렸을까
나는 시간의 행간 속에
사탕가루를 보며
앓고 있는 별을 생각한다

지리산 산죽

빗방울이 모오스 부호로
내 머릴 때린다.

장광설을 토하던 계곡물
경계를 넘어선다.

물은 인월에서 마천으로 흐르고
임산물은 마천에서 인월장으로
모여든다.
산수유 그늘에 잠긴 완행버스 속

무청 빼꼼 머릴 치켜드는 게
산죽 사이 산사람 같다.
별빛도 달빛도 구름도
무의식의 기호를 남긴 채
서사를 끌고 간다.

침묵의 눈빛에 그을린 산수유
비표로 내게 다가온다.

점심은 인월에서 후식은 마천에서
이곳 신발들 서로 경계를 넘나든다.

비 내리자
빨간 산수유 우두둑 떨어진다

강물도 허공도 깨달음도
모두 물세가 된다.
경계를 넘지 않으면

우원곤

연분홍 꽃잎
저수지
라넌큘러스의 미소
인터내셔널 미용실
나무
다호리
思(사)
천장

· kwinn77@naver.com

연분홍 꽃잎
- 논개

파문이 일었다
찰나의 순간
연분홍 꽃잎 강물에 지다
물속의 나락으로 떨어졌다
아니 떨어진 것이 아니라
하늘로 날아올랐다
그로부터 4백여 년
유유히 흐르는 남강 물에서
그 연분홍 숨결을 느낀다.
기리는 마음에 시월상달 좋은 날에
유등을 띄운다.
영원히 잊지 않으리라 임이여
꺼지지 않는 유등으로
우리들 가슴에 둥둥 떠가길-

저수지

여름 저수지는 암녹색이다.
배가 **빵빵한** 검은 가방이 저수지에 둥둥 떠 있다.
아이들 궁금증은 돌팔매질이나, 여름 한낮의 열기처럼 높아갔으나
고추잠자리들은 무심코 자맥질했다.
해거름 무렵 수리조합 물 감독이 소주 됫병을 나발 불고 저수지 속으로
장대를 들고 들어갔다. 독메 작은 마을에 흉흉한 소문이 오래도록 돌았다.
어느 가문 날 저수지의 물까지 증발한 날 저수지 바닥이 드러났다.
거북등 같이 쩍쩍 갈라진 채-
아이들은 공놀이하거나 땅따먹기 놀이를 했다.
마치 물귀신이나 이무기가 언제 있었냐는 듯
저수지의 전설은 당분간 물이 증발하듯 사라졌다.

라넌큘러스*

  가족 여행 중 경주 첨성대 앞에서 란넌큘러스 꽃밭을 둘러보다가
  예순이 가까운 막내 여동생이 꽃을 향해 김치, 스마일 하며 폰으로 사진을 찍는 소리에 화들짝 놀란다.

  개구리왕자의 동화처럼 마법을 풀려는 것인가.

  순간 신라 선덕여왕의 시녀들이 잠자리 옷 같은 여러 겹의 아름다운
  옷을 자랑하듯 미소 지으며 줄지어 지나간다.

* 미나리아재비과의 꽃

인터내셔널 미용실*
― 강아지 분양 사건

순 아기씨* 일의 사단은 지병으로부터 시작된다. 잠시 병원에 입원한 사이 애완견 토리가 가출하여 새끼를 밴 것이다. 그 후 4마리를 출산한다. 읍 소재지 시장 골목, 배같이 생긴 단골 미용실에 강아지 분양을 예약하였으나 곧 섣달이라 강아지를 들일 수 없다는 얘기에 순 아기씨는 대노하여 인터내셔널미용실의 기억이 한순간 사라지게 하다. 늘 미용실 얘기를 맛깔나게 하셨는데, 그놈의 섣달에 새사람을 들이지 않는다는 풍속이랄까? 미신이랄까? 오늘도 순 아기씨에게 인터내셔널 미용실 얘기는 금기어가 되었다. "밖에서 배어 온 새끼지만 귀한 딸 시집보내는 심정으로 사롯값 10만 원까지 준비했는데―" 인터내셔널 미용실의 *페미호는 계속 순항을 할 것인가?

*인터내셔널 미용실: 읍 소재지 시장 골목 미용실로 건물이 배같이 생겼으며 특히 여성노인들의 사랑방이다
*순 아기씨: 졸자 장모님
*페미: 페미니즘

나무

　너를바라보고있노라면사시사철옷을갈아입는모습이나 인것을안다푸름에는푸름으로나목일때는나목의모습으로 너에게는얼굴이없다눈, 코, 입사라진그냥윤곽만남아있다 그건세월의뒤안길에서그렇다비가오는날너를본다비에젖 어움츠린모습은가슴을아리게한다네가나인것을비오는날 은확연히안다나지금나목인것을진심으로외롭다고낙엽편 지배달한것을그여름날무지개보낸것도무디고무디어져버 린내감성에응답하라고그길모퉁이에서있는정작너는나를 파먹고있는

다호리
- 3일간의 애도

내 어릴 적 마추픽추가 있는 다호리
외삼촌은 마침내 마법을 푼 것인지
어릴 적 나만 아는 비밀의 방문을 열고 넓은 강으로 나갔습니다.

차향이 가득하고 갈대가 서걱이며 노래하는 이상향의 세계로
마지막 쪽지 한 장을 남긴 채

위중하실 때 늘 말씀하셨던
"3일간만 애도하라"

진짜 우리는 3일 간만 슬퍼하고
4일째는 정답게 국밥을 먹었습니다.

지금도 여전히 그렇지만
연어가 모천을 찾듯
다호리 강을 찾아 나서고

思(사)
― 포진

  思의 문을 연다.
  마동석 형사가 걱정했던 일이 나에게 일어났다.
  어릴 적부터 나를 공격할 기회를 노리던 자들이 약해진 틈을 타
  무차별 공격을 해왔다. 심지어 여사마저도 조심하라 했던 무슨 배짱이었을까? 예리한 칼날로 아니 침으로 공격해왔다.
  최근 여러 사정으로 혼자 안가를 지키는 나이기에 가까이에
  있는 딸에게 마지막 위험 신호를 보내기로 했다.
  그냥 思의 나락이 깊은 것이기에 아파트 안의 물관 소리를
  가만히 듣고 교신하고 그 침입자를 막는 방법을 신경이 반 마비된
  상처 부위를 끌어안으며 思 속을 헤매거나 마 형사처럼 범죄도시를
  평정하는 장면을 연상하다가 장기 출장 간 여사의 지령이 떨어졌다.
  인근에 있는 병원으로 긴급 진료 요청하라는 것이었다.
  당장 신 박사의 치료가 시작되었는데 아주 독한 놈들이니 각별히
  신경을 쓰라는 지시를 했고 발등에 주사를 7번이

나 놓고 엉덩이

주사를 놓도록 지령을 내렸다. 하지만 계속된 이놈들의 공격으로 사지가

마비되는 것 같았다. 다리 부분이 차갑고 피가 통하지 않아 중풍으로 가는가 싶었다.

그놈들은 악질이었다. 얼굴 부분까지 공격해 왔다.

본부에서 지령이 떨어졌다. 얼굴 부분은 치명적이니 적극 사수하라는 지시였다.

신박사의 진료와 처치는 시간이 갈수록 효과가 나타났다.

차도가 있다고 방심하지 말라는 지령이었다. 그놈들은 지독했다. 주로 밤에 집중 공격을 가해서 밤잠을 설쳤다. 이제 진료 상황을 비공개로 처리하는 본부의 지령이 떨어졌으므로 썜의 문을 닫기로 했다.

천장

공원 산책 나서는 길
토룡 씨 땡볕 한나절 폭염에 일광욕을 즐기려는지 아님, 길이 없는 영원의 길을 나섰는지, 개미들과 까치들이 오찬을 즐긴다.

정녕 안녕이라고 말한 길이었던가.
그이는 말한다. "미물의 저 고난을 벗어나면 극락에서 인간으로 환생하리."

곧 죽음은 축복.
한데 왜 나는 그 길 위에 다시 서서 당신을 부르는 걸까.

이달균

결핍의 바다
트집잡기
긍정적으로
하지夏至 무렵
무인도행 기차
천재
위성인간
노량

· moon1509@hanmail.net

결핍의 바다

시심詩心의 춘궁기를 그 봄에 만났다
잃어버린 탐구와 창백한 감수성은
긴 하루 허기와 함께 해역에 밀려왔다

서가에 꽂아둔 채 까맣게 잊어버린
그날 결핍에 대한 고백과 게으름으로
피다 만 들꽃의 개화를 돌아보지 않았다

허약한 이름은 해초처럼 떠돈다
가위에 잘려 나간 눈물을 헹궈내고
접어 둔 한 평 바다를 썰물에 실어 보낸다

그렇게 작별한 어제가 간절해지면
불현듯 마르지 않은 머리칼로 달려올까
달려와 으스러지며 절로 신명에 겨워질까

사랑이여 허물어진 성벽 기어올라
폐허에 입 맞춘 허기진 돌개바람처럼
길 잃은 흙먼지라도 쓸어안고 비상해 다오

트집잡기
― 난중일기·43

궁게 제대로 된
갓 하나 만들라치믄

첨부터 요노무 트집, 트집을 잘 잡아야 허는 거여. 멀쩡한 사람 곤죽 만드는 생트집이 아니라, 멋거리 진 갓 하나 붙들어맬라치믄 평민갓이든 진사립이든 일단은 양태를 단단히 잡아야 허는데, 이 지난한 공력 멕이는 일이 그리 쉬울관대. 애초에 무녀리나 얼간망둥이 같은 놈한테 배우다 보믄 산통 다 깨지고 마니, 시방 이 모양 원만히 익히려믄 암만, 선생 같은 선생을 만나야지. 대나무실 가닥가닥 곱사리 끼워 엮은 후, 감쪽같이 둥근 틀 우에 갓 모양 잡는 일이 바로 트집잡기란 말씸, 여기서 삐끗하믄 이도 저도 아무것도 안 되니 한 몇 년 죽었다 하고 혼불 지필 각오나 하더라고.

후회할
생각 들거들랑
당장에 그만두든가.

긍정적으로
― 난중일기·55

가는 귀 좀 먼 것도 신이 주신 축복이야

다 듣진 못해도 들을 소린 다 듣지

지난밤

반가운 손님

머물다 가는 빗소리

하지夏至 무렵
― 난중일기·57

바람 구겨지는 소리가 들렸을 뿐

피다 만 배롱꽃 망연자실 서 있고

오는지 가는지도 모를 유월이 서 있었습니다

대문 두드리는 소리가 들려왔습니다

배 타고 떠나시는 아버지를 보았다고

짧아서 더 생신 듯한 간밤 꿈, 꿈이라고

나비 한 마리 날지 않던 여름 가고

당신보다 6년이란 세월을 더 살았지만

아직도 그 그늘을 따라 한나절을 걸어갑니다.

무인도행 기차
― 난중일기·54

오랜 망설임으로 걸어 잠근 나를 허물고

무작정 무인도행 밤기차에 오른다

떠나서 곤두박일지라도 오늘은 결행이다

움트지 못한 채 박제된 생각이여

한순간도 멈춘 적 없는 물살의 일렁임처럼

고적한 간이역에 적힌 이름을 경배하라

적막한 폐교엔 동상 허물어지고

그 틈 비집고 기어오르는 마삭줄 하나

산 것은 살았다 울고, 죽은 것은 죽었다 운다

고요가 불러오는 이 무질서의 야단법석

사람을 떠나지 않고 어찌 사람을 보랴

별들도 별을 보기 위해 오늘 섬에 내린다

천재
－ 난중일기·58

생애의 첫 문장은 왜 그리 불우한가?

부정하는 모든 것이 우릴 매혹한다

오늘도

난 질투한다

먼저 빛나고 지는 별을

위성 인간
– 난중일기·59

지지 못하는 꽃이 있다
달콤하고 부패한 이름

소금꽃의 천으로 가린
노회 한 설탕의 덫

역설의
자장磁場을 맴도는
가여운 꽃이 있다

노량
― 난중일기·60

그날 그렇게 별이 하나 졌습니다

아직도 그 별자리는 빈 채로 있습니다

새들도
그 하늘 지날 땐
깃을 접고 납니다

이상옥

아카데미 어원에 관한 연구
플라톤의 이데아론
붉은 기호들
탄자니아 세렝게티
다낭
양조위·장만옥의 '화양연화'
바르비종
다낭의 아프로디테

• oklee3@hanmail.net

아카데미 어원에 관한 연구

그리스신화에 나오는 아테네의 영웅
아카데모스의 이름을 따서 헌정한
아테네 교외의 올리브나무 숲 아카데미아는
노예로 팔렸다가 아테네로 돌아온
플라톤이 몸값으로 숲을 사서
세운 유럽 최초의 대학이다

귀부인들도 남장을 하고 아카데미아에서
플라톤의 강의를 들었다
철학, 수학, 천문학, 음악을 가르쳤던
아카데미아는
한림원, 학술원 혹은 대학, 연구소 같은
학문, 예술의 중심부

아카데모스는 아카데미아를 낳고
아카데미아는 또 아카데미를 낳고
봉준호 감독은
아카데미상 시상식에서
트로피 오스카를

플라톤의 이데아론

서양철학이 플라톤 철학에 달린 주석에 불과하면
플라톤 철학은 소크라테스 철학의 주석인가

팔십이 되던 어느 날
결혼식 축하연에 초대받아
절정의 순간 조용한 곳으로 자리를 옮겨
의자에 앉아 잠든 플라톤,

악법도 법이라고
독배를 들었던
소크라테스와 플라토닉 러브에 관한 담론을 나누다
금세 천 년이 하루 같이 흘러가고

스콜비오섬에서는
그리스의 선박왕 오나시스와
케네디 미망인 재클린의
재혼 축하연이 성대하게 열리고
또 하루의 반의 반 나절이 흘러가고

지구 반대편
플라톤의 청년 시절 조각상을 닮은 수려한 한 청년이
위키백과에서
플라토닉 러브라고 재클린 케네디 오나시스를 검색한다

붉은 기호들

호랑이의 불붙은 눈
사슴의 심장이 발딱거리며
초원을 질주하고
푸미흥의 로컬식당에는 한글 간판이
가로 쓰기로 즐비하고
두 발로 직립보행 하는
호모사피엔스
두개골에 가득 출렁거리는 생각들
슈퍼에 수많은 상품이 진열돼 있고
도무지 이해되지 않는 아포리아
스타벅스에서 커피를 마시며
보는 창밖 하늘
수곰 두 마리
두 발을 땅에 딛고
서로의 영역을 밀어 내치고
구름은 흩어져 형상을 상실하고
코모도 왕도마뱀 한 마리
1톤이 넘는 물소를 통째로 삼키는
건너편 언덕 너머
무지개가 걸렸다

탄자니아 세렝게티

1만 4,763㎢의 면적
킬리만자로산 서쪽 사바나 지대
탄자니아 국립공원
강가의 숲에는 동부흑백콜로버스
바나기 구릉지대에는 로운앤틸로프
우기가 끝나자 150만 검은꼬리누 떼
남동부에서 북서부로 이동하고
동물의 왕 사자는 사냥에 나서
실패를 반복하다 겨우 붉은 피로 배를 채우고
남은 고기를 먹으러 찾아드는 하이에나, 독수리, 까마귀
끝없는 평원 위로
해가 뜨고 또 달이 이울고
표범은 나무 위에서 잠을 자고 가젤은 풀을 뜯고
기린이 긴 목을 빼고 불안정한 포즈로 물을 먹고
어디선가 쿵쿵 군무처럼 언덕들이 이동하는
구글 지도로도 경로를 찾을 수 없는
우주 먼 은하계의 별자리들

다낭

아이의 엄마는 오토바이 타고 또
수렵시대 어느 언저리까지.
자정이 넘은
밤의 외국인 거리
울긋불긋 네온 불빛
서양 남자가 맥주를 가져오며
싱긋 웃는
또 아침이 오고
반세오를 말아먹고
잔느 닮은
Epic Coffee의 이국 소녀가
창을 배경으로 커피를 마시는
반쯤 걸린 하늘
희미한 얼굴 낮달이 뜨는
베토벤의 운명 교향곡
바다 물결은 쉼 없이 밀려와 부서지고

양조위·장만옥의 '화양연화'

고향 집 담장가에 해송이 가지를 뻗치고
가지끼리 말을 걸고
마당에 잔디 틈에 민들레 꽃이 피고
길고양이는 때때로 봄 햇살에 뒹굴고
하천 둑길
달을 보며 한참 걷다
푸른 바다 그 하얀 시트
꿈결처럼 어른거리고
노트북 자판을 두드리며
너를 불러내는
이선희의 '인연'을 듣는 새벽녘
"인연이라고 하죠"
"운명이라고 하죠"
"거부할 수가 없죠"
그때는 그랬었다

바르비종

르랑데뷰 스테이크에 붉은 피가 배어나도
프랑스 셰프가 양식화한 접시에는 비명 한 점도 없다

바다 건너 솔렘수도원 수도승들이
들리지 않는 기도를 올리는 만종 소리 뎅~ 뎅~ 뎅~

다낭의 아프로디테

식당에서 일하는
소녀들 틈에 반짝이는,
키가 작은 한 소녀의 볼우물의 미세한 파동,
건너편 미케비치 야자수가 하늘을 치솟아
푸른 파도를 불러오고
끝없이 펼쳐진 은모래 사장의 점점이 사람들
카페 Epic Coffee에서 커피를 마시는
창밖에는
분주한 오토바이가 잔뜩 물품을 싣고 달리는,
조개껍질에서 태어난
아프로디테의 밤하늘에는 초승달이 떠 있고
아몬드 향기로 가득한
휴양지 다낭의
천년 같은 하루

이월춘

스트릿우먼 파이터
사람은 누구나 울보다
비 내리는 산사의 순간
사이비似而非
소쩍새 우는 사연
서울은 아직도 나를 밀어낸다
연꽃 보살
연두는 봄꽃 냄새였네

• mosan145@hanmail.net

스트릿 우먼 파이터

솜털 보송한 예닐곱 살 여자애 둘이
머리끄덩이를 잡고 막 싸운다
성글게 쥐고 흔들던 이쁘고 큰 눈망울이
온몸에 돋은 긴장과 소름에
분하기보다 창피함에 끝내 울고 말겠지
눈에 쌍심지 켤 일이 한둘 아닐 텐데
좋은 싸움이란 무엇일까
싸움에 진심인 사람들의 입꼬리엔
원래 자비가 살지 않는다

그때부터 아이는 호전성을 잃고
급격히 약해져 입을 다물고 무방비로
세상의 다리를 터벅터벅 건너겠지
만사 제쳐두고 햇살을 찾아 눕는 고양이처럼
때론 정의감이 충만하거나
때론 선하고 인정 많은 친구를 사귀며
풍진風塵의 골목길을 요리조리 빠져나왔고
진실과 거짓이 뒤섞인 그때그때의 상황에
신파와 소문으로 사알작 건너뛰기도 하며
각성과 파열의 순간을 연출하기도 했지
그러다가 서로에 대한 경이로 나아가면
사랑에 앞서 존중을 나누게 될까 이 세상

사람은 누구나 울보다

상처나 슬픔 때문에 울었고
분하거나 억울해서도 자주 울었다

육교에 엎드린 사람을 보거나
앙상한 아프리카 아이를 보면서도 울고

영화를 보면서도
좋은 시를 읽으면서도 울었다

시험에 합격해서 울기도 하고
아픈 나를 챙겨주는 친구가 고마워서
울기도 했다

엄마가 보고 싶어서도
정년퇴직 식장에서도
가끔 뜬금없이도 울었다

치유일까
순수의 이름일까
사람은 누구나 울보다

비 내리는 산사의 순간

녹음이 짙게 깔린 세상에
조금씩 뿌리는 비
어느덧 피어오른 뽀얀 물안개
굽이굽이 구부러진 산길을 지나
눈앞에 나타난 송광사
안개에 감싸인 사찰에 빗소리만 가득한데

물기를 머금은 바람은
산이 살아있으니 그대도 나도
너그러운 품으로 나아가라고
등을 두드리는 대숲의 말씀들

아무도 생각나지 않는다
스스로 속일 수 없으니
모자람을 성찰하고 엎드리고 싶다

두 손을 가슴에 모으고 기도하자
싶은데 누가 나를 주저앉히나
저주와 갑질의 우월의식에
지식은 넘쳐나는데 지혜는 말라버려
자고 나면 황당함의 연속이다

사회의 성문법을 다독거릴 지혜
고고한 저 빗소리만큼 성성한
어른이 그립다

사이비似而非

사월, 벚꽃이 만개했다
꽃잎마다 붙은 그럴싸한 위선과
겉으로 번드레한 말씀들
다음에 실천이 없는 봄꽃이다

화려함 뒤의 그늘이 보이지 않고
가슴을 활짝 열어도 어두운 구석이 있어
다른 사람보다 먼저 나서길 좋아하고
얇디얇은 지식으로 가벼운 박식함에도
잘못을 인정하지 않아 끝내 속이니

사람아
천하의 봄꽃조차 이리 가벼운데
사람 구실 제대로 하기가 그리 쉬울까

공자는 애이불상哀而不傷이라 하였으나
사람의 한 생애는 이별의 연속이니
단장斷腸의 아픔 두엇 만나고 보면
마음을 적시고 싶은 독한 술 몇 잔
흩날리는 꽃잎의 손짓에 던져 버리세

소쩍새 우는 사연

문제 한둘 없는 집은 없다
불행이 내리 반복되는 집도 있고
항상 불안을 안고 사는 집도 있다

원하든 원치 않든 불안을 안고
제 목을 조르는 사람이 많다

마음속에 사는 불안이 만들어 내는 비극
가장 안전하다는 집이 붕괴되고
불안이 성성한 집이 된다

어린 나이에 가정을 꾸렸다거나
부부 관계에 문제가 있다거나
키우기 어려운 아이를 두었다거나
천태만상 저마다 문제를 안고 살아가는 것

그래도 빈집만 남으면 안 되는 까닭은
집집마다 소쩍새 우는 사연 한둘 있기 때문이다

아직도 서울은 나를 밀어낸다

스물에 사회주의자가 아니면 심장이 없는 것이고
마흔에도 여전히 사회주의자라면 머리가 없는 것이라 했지

창원중앙역에서 서울역까지 케이티엑스를 타고
오만 이천백 원어치의 침묵만큼 졸다가
까짓것 여좌천 벚꽃처럼 부질없이 피었다 지면 그뿐이려니
산이 뜨지 않는 강물이 있더냐

앉은뱅이책상 위엔 고료 없는 청탁서 몇 장과
펀치 구멍 뚫린 통장과 두꺼운 홈쇼핑 책자들
무어라 말할 수 없는 것들의 무거운 말씀까지

오늘따라 술친구들도 전화기를 껐는지
몸에 가둔 시간만큼 바람만 불고
분노의 다리를 건넌 슬픔이 지리멸렬을 향해
망상의 번식력을 자랑한다

남도의 끝자락 응석까지 받아주는 그대는
하늘과 땅을 엮어 설렘을 키우는 내 안의 산이다
낮은 마음을 안고 흐르는 내 안의 강이다
迷惑이여, 설움의 빛깔이여
저 산을 다 끌어안고 바다에 들고 싶다

연꽃 보살

장복산 금강암 오르는
재색 몸뻬바지 한 분
황련 꽃송이처럼 무람하시네

평생 누구를 탓하지 않고
참고 또 참으시게
물방울이 스미지 않는 연잎
그 마음을 받드시게

신성神聖과 청정淸淨의 말씀
어머니

연두는 봄꽃 냄새였네

봄꽃 냄새 맡겠다고 나섰네
아이를 목말 태운 젊은 아버지와
꽃반지를 손에 든 엄마
좋은 걸 아는데
아름다운 걸 아는데
때가 되면 꽃 피우는 나무와
연두의 세상을 펼쳐가는 시간이
자꾸만 부러워 하늘을 보았네
저 풍경 속에
내 것은 없고
앞으로도 없을 거라 여기니
봄꽃 냄새 대신
세상의 온갖 연두가 다가왔네

정이경

벚나무 어법
벚꽃 통신
재해석 될 결말
그녀의 머리 위에 잠깐 머문 뭉게구름
여행
소통
조캉사원에서의 두 처자
경로이탈

· kala-jung@hanmail.net

벚나무 어법

지난겨울 마지막까지
머뭇거리다 결국
나는 남았고
서성이던 너는 떠났다

본색을 드러내지 않던 구름 사이로
비가 내렸다
바뀐 풍경들에 대한
위로 또는 속내를 동시에
숨기려 드는 중일까

어떤 관계에 관계들이 관련지어져
같은 항목으로 묶어졌다고 해도
출처를 알 수 없는 연속성과 지속성은
아, 하나도 재미없는 일

어제와는 다르다지만
그래도 사실적으로 길게 이어져 있는 것은
역시 지루한 일인데

과연
어쩔 수 없이 선택한 서글픔이나 쓸쓸함 같은 거

언제가는 사라지게 될까
자꾸 의심스러워지는,

제법 긴 일기를 쓰는 동안에도
줄곧 떠나지 않는
그런 봄밤입니다

벚꽃 통신

갑자기
날아든 나비 한 마리
좁은 골목 안에서
방향을 잃고 허둥댄다

어쩌다
멀리 보이던 바다를 향해
사력을 다해, 필사적으로
팔랑!
(좀은 힘차게 보였을까)

날아간 자리만 희미하게 남았다

하르르 떨어지는 꽃잎이
내려앉는
처음인 듯한 봄,
인데도

다시는
다정을 가장한 편지를 쓸 수 없을 것 같다

재해석될 결말

이미 지나간 우리가 다시 만날 수 없는 세상이어도
한 번쯤은 안부를 전할 수는 있지 않을까
몇 계절의 절기가 오가는 동안에도
여전히 붉은 문장들
애써 기억하지 않을 그, 혹은 그녀의 기일이다

생각해 보면
웃음이 인색한 그와 혹은 그녀 사이
분명히 누군가는 불편해할 그런 밤, 또는 새벽은
오래도록 뒤척여야 한다

세계의 모든 날짜들이 죽는 날
비로소 내가 전해 듣게 될 마지막 이야기는
용서일까
화해일까

그녀의 머리 위에 잠깐 머문 뭉게구름

소읍에 딱 어울리는, 이름마저도 '작은극장'
이 있다
저녁 시간이라고 하기에는 어중간한 때에
탁자가 네 개 뿐이라는 그곳에
혼자
가 보겠다
이미 와서 자리를 차지한
적당한 뱃살을 가진 중년의 남녀들 대여섯
한참동안 너스레나 수다를 떨다가
힐끔거리기도 하겠지
마침,
창밖에 옮겨다 심은 나무들도 궁금해하기는
마찬가지일 것쯤은 알고도 남지만

이 상황을 전혀 개의치 않는,

밀려왔다 밀려 가거나
잠깐 머물던 뭉게구름
소읍에서는 보기 드문
전입신고를 마친 젊은 부부를
온몸으로 안아주고

마침 영화가 시작되는 작은영화관의
의자 팔걸이 간격도 좁혀지고 있을 것이다

여행

붕붕 날아오를 듯한 감정까지
꾹꾹
죄다 눌러 담아도
결코 무겁지 않은,
세계에서 가장 불룩한
구름으로 만든 가방이
없어도

문을 나서면
몇 날 며칠을
골목골목을
마냥,
길을 잃고 헤매고 싶은,
사람들이 가득한
세상에서
지금
나는 어디쯤에 있나

소통

다리를 건너려 할 때
강에서 피어오른 안개는 이미
그 다리의 입구에서부터
한 발짝도 들어서지 못하게 완강한 자세를 취하고 있었다

비닐하우스가 많은 소읍에서는
끝물의 농작물이 수거된
밭에다 불을 질렀다

내년에 더 잘 되라고 그런다지만
이런 날에는 안개도 연기도 전혀 제 목소리를 낼 수가 없다

명백한 정황이라곤 찾아낼 수 없는
안개와 연기 그 사이에
잠시
대화가 끊긴 애인들의 전화기는 빠르게 낡아가고
주파수를 잃어버린 라디오에서는
정규방송을 덮친 잡음만 무성하다

그 누구도 나를 발견하지 못한 채

조캉 사원에서의 두 처자

굳이 두 처자라고 쓴다

두 처자는 오체투지로,
한껏 들뜬 여행객이었던
나는,

조캉사원 입구에서 만나졌다

그들과 앞서거니 뒤서거니
또는
바싹 붙어서
셔터를 눌러대는 이국인들에게서
슬슬 짜증이 일었다

없던 물이라도 한 모금 건네고 싶었는데

2,000km나 떨어져 있다는 쓰촨성에서부터 왔을까
세월이 변해 손바닥이며, 팔꿈치, 무릎에 장착한
그 흔한 보호대도 없이
오로지 맨몸으로 밀고 나아가는
오체투지의 시작과 끝의 사연은 도무지 알 순 없지만
허리까지 땋아 내린 갈래머리가

몸을 일으키고 숙일 때마다
흔들려도
두 처자의 자세는 흔들림이 없다
여행객들이 막무가내로 사진을 찍어대거나 말거나
일정한 보폭으로
온몸으로
바닥을 밀고 나아가던
두 처자
한낮의 땡볕 아래
그림자마저 순일하다

조캉 사원에서의 필수 코스인
2층 낭코르(Nangkor)를 따라 돌면
전생의 죄를 씻을 수 있다고
한 바퀴를 돌아 내려왔지만,
두 처자 앞에서는
열 바퀴고 스무 바퀴고 더 돌고 싶어지던 조캉 사원의 한낮
희미한 형체의 내 그림자는 흔들리고 또 흔들리는데

*티베트인들이 가장 성스럽게 생각하는 제1의 성지로 오체투지로 온 순례자들의 종착지이다.

경로이탈

내가 종종
엉뚱해지는 건
엉뚱한 일을 벌이는 것을 좋아해서가 아니다
시시하게
내 발목을 묶는 것들로부터 조금 비켜나는 일이었다면
그리 엉뚱하지 않아도 된다는 것쯤은 나도
아는 나이다

어느 날
아무런 이유를 달지 않고
시가체에서부터 오체투지로 라싸에 온
순례자에게
조캉사원에서 기다렸다는 듯
부끄러움 무릅쓰고 생수 한 병을 건네기 위해
탕구라역*을 지나는 칭장열차를 또 타고 있을지도

이런 내가 마냥 엉뚱하기만 한 걸까요

아침에 집을 나왔으니 저녁에는 들어가야 하는데
슬그머니
운동화 끈을 조여 맨
나,

잠시나마 어쭙잖은 곁이 되려고
멀리에서 더 먼 곳으로

각각으로 태어난 몸은
각자의 방식으로 흔들리는 손과 발을 가졌을 뿐

*탕구라역: 해발 5,068m에 있는 세계에서 제일 높은 철도 역명.

최영욱

풀밭 법당
풀밭 법당
대동세상大同世上·1
대동세상·2
대구
복사초
왕돌초
극 대 극

• ywchoi8837@hanmail.net

풀밭 법당
― 파릇파릇

4월도 다 되어
고추 모종 심고 호박에 오이
가지도 심었다
도라지밭에서는 빛나는 새순들이
여기 쫑긋 저기 쫑긋
환한 얼굴을 내밀었다

4월 5월은 잡초도 반가웠으나
장마가 끝난 칠월은 잡풀의 힘은 세어져
감당하기 힘들다

베고 뽑고 뜯어냈으나
돌아보면 또 풀

"기는 손, 나는 풀"
풀을 매는 손은 기어가는데
풀은 날아간다 했든가

초록초록 무섭고
파릇파릇 징그럽다.

풀밭 법당
― 올망졸망

길고 요란스런 장마
비와 비 사이
그 사이를 틈타 밭의 풀을 뽑을 때
나는 악의 뿌리를 뽑듯
엄지손가락이 짓무르도록
풀을 베고 뽑았으나

풀밭 사이로 겅중거리는 어린 생명들
여치 메뚜기 청개구리며 우리 토종 산개구리까지
올망졸망 한 세상을 열고 있었다

하여 저 여린 것들의 생명 터를 들쑤시고
후벼 파고 있는 것만 같아
낫도 호미도 슬그머니
내려놓았다

다 내려놓으니 풀밭 것들의
살아 뛰는 소리가 경전처럼 들려오는 것이었다.

대동세상 大同世上·1

먹혀서는 죽어도
굶어서는 죽지 않는
물속 세계와

굶어 죽고 치여 죽는
물 밖 세상을 바라보며
바라본다

살아간다는 것이
항상 안쓰러워도
늘
어쩔 수 없음을
어쩔 수 없어하며

대동세상·2

갯바위에서 바람과 영등 추위에 맞서다
포구로 들어서니
봄 전어가 풍년이라며
듬성듬성 썰어낸 전어 몇 점을
낚시꾼들에게 권하고 있었다

그렇지
땅이든 바다든
저 전어처럼 듬성듬성 떼어내
세상 모든 사람에게
나눠주고 싶은
딱
그런 시절이다.

대구

사람이 속을 안 썩이니
날씨가 속을 썩인다며
3톤 대구잡이 배 김 선장은 걱정이 태산이다.
나흘 전 깔아놓은 그물이 사나워진 바다에
쓸려갈까 끊어질까 걸린 고기가 상할까
하늘만 쳐다보며 담배 연기를 한숨처럼 내뱉다가도
그래도 바다는 우리의 보물이라고 텃밭이라고
바다에 비손을 하는 것인데

물너울 타며 물이랑 윤슬에 새까매진 선장은
바다의 사나운 변덕도 다 잠시라며
그 까탈스러움을 웃음으로 버무리고 만다
저무는 바다를 뒤로 하고 포구로 들어서는 배의
물 칸에 큼지막한 대구들이 그득그득 들이차면
"바다가 주시는 만큼만" 가져왔다고 모든 노동을
바다의 공으로 용왕님의 은덕이라 순종한다
바다에 순종하는 법을 어부들은 빨리 배운 것이다.

복사초

진도에서 서망항에서 28.5㎞
어선으로 약 한 시간이면 닿는 수중 암초
진도와 추자도 사이의 이 수중여는
수많은 낚시꾼에게는 사랑받는
남서해의 명포인트이지만
세월호를 삼킨 그 바다와 인접해 있다.

북위 34도 12분, 동경 125도 57분
그 오열의 바다,
아이들을 삼킨 심연의 물속
아직도 떠나지 못하고 유영하고 있을
젊은 혼백들이 너울처럼 해일처럼
일어서는 꿈을 꾼다.

왕돌초

10년도 지난 일이다
미조의 범섬에서 손님고기로 올라오던
제주의 터줏대감인 자리돔, 벵에돔, 독가시치 등에서
남해의 수온 상승을
그때 읽어냈지 싶다

동해 수중산맥 왕돌초에서 참치가 잡히고
방어가 떼로 잡히고 울릉도, 독도까지도 그렇다고 하니
수온이 많이 오르긴 올랐나 보다 하다가도
명태가 사라지고 오징어도 서해에서 잡힌다는 요즘
동해 어민들의 살림살이도 생각하다가
그래도 큰일이다 싶어
울릉도와 제주도의 해수면 온도를 비교해 보니
불과 2℃ 차이

이제 우리의 바다도 아열대 바다를 꿈꾸는가

극 대 극

극한 호우
극한 한파

2023년 대한민국 기상청은
시간당 72㎜ 이상의 비가 내리면
극한 호우 경보를 발령한다고 발표했다

그로부터 1년이 지난 올해
시간당 국지적 극한 호우는 100㎜를 훨씬
넘어서는 지역이 늘고 있다

극한의 빗줄기
극강의 폭염
극한의 추위를 견디며 살아내야만 하는
극강, 극한을 이겨내야만 하는
인간들이 안타깝고 두렵다.

2024. 계림시회 사화집

붉은 기호들

2024년 11월 15일 발행

펴 낸 이 | 정이경
펴 낸 곳 | 계림시회
만 든 곳 | 경남 창원시 의창구 읍성로 36
출판등록 | 2013년 11월 26일 제 2013-000029호
전　　화 | (055) 296-2030
팩　　스 | (055) 246-2030
E - mail | 7calltaxi@hanmail.net

값 12,000원
ISBN 979-11-91751-67-3　　03810

ⓒ 계림시회, 2024

* 이 책은 경남문화예술진흥원의 문화예술지원금을 보조받아 제작되었습니다.
* 이 책의 판권은 저자와 창연출판사에 있습니다.
* 양측의 서면 동의 없이 무단 전재나 복제를 금합니다.